智元微库
OPEN MIND

成长也是一种美好

华为学习之法

赋能华为的
8个关键思维

邓斌◎著

THE WAY OF
HUAWEI
LEARNING

人民邮电出版社

北京

图书在版编目（ＣＩＰ）数据

　　华为学习之法：赋能华为的8个关键思维 ／ 邓斌著
. -- 北京 ：人民邮电出版社，2021.9（2024.1重印）
　　（华为工作法系列）
　　ISBN 978-7-115-56994-3

　　Ⅰ. ①华… Ⅱ. ①邓… Ⅲ. ①通信企业－企业管理－
经验－深圳 Ⅳ. ①F632.765.3

　　中国版本图书馆CIP数据核字(2021)第145973号

◆ 　　著　　邓　斌
　　责任编辑　刘艳静
　　责任印制　周昇亮

◆ 人民邮电出版社出版发行　　北京市丰台区成寿寺路11号
　　邮编 100164　　电子邮件 315@ptpress.com.cn
　　网址 https://www.ptpress.com.cn
　　河北京平诚乾印刷有限公司印刷

◆ 开本：720×960　1/16
　　印张：16　　　　　　　　　　2021 年 9 月第 1 版
　　字数：200 千字　　　　　　　2024 年 1 月河北第 9 次印刷

定　价：69.80 元

读者服务热线：（010）81055522　印装质量热线：（010）81055316
反盗版热线：（010）81055315
广告经营许可证：京东市监广登字 20170147 号

献给：

挚爱的女儿邓潜润、邓思惠

和那些以持续学习为乐的人

赞誉
PRAISE

业界很多企业在向华为学习，而华为也一直在学习别人；大机会时代，没有人可以停留在过去，唯有持续学习。《华为学习之法》作为"学习华为三部曲"的收官之作，作者邓斌从自身在华为10多年的切身体会出发，聚合多位华为管理变革亲历者的洞见，从"华为向谁学"和"华为怎么学"两个视角全面呈现华为学习之法，求真务实，给我们带来新的启发和思考，值得推荐。

——彭剑锋

《华为基本法》起草组组长

中国人民大学教授、博导

华夏基石管理咨询集团董事长

/////////////////////////////////

华为堪称"学习的进化"之典范。既然是华为学习之法，就是可习而得之的。我认为华为学习之法至少包括以下三点：首先，学习的目的是实践；

其次，要科学地学习，洞察事物的本质，掌握并践行科学学习的方法；最后，始终保持学习的心态，终身学习反熵增。邓斌在这本书中详细解读的"靶向思维""求渔思维""迭代思维"，与我的认知有较多的相通之处，期待读者在阅读《华为学习之法》一书时，能从这个层面理解和学习华为。衷心祝愿我国出现越来越多像华为这样的学习型组织。

——杨蜀

刷宝科技 & 标普云科技创始人

华为公司原副总裁 & 海外区域总裁

/////////////////////////////////

物竞天择、适者生存。如果说物种的进化是被动的，那么企业作为一个有主观意志，可以主动改变自己的业务组合、管理体系甚至文化基因的有机组织，要想适应市场环境的变化并生存和发展，就需要主动进化，而学习就是最好的进化手段。华为就是一家具备学习习惯和学习能力的企业。邓斌在《华为学习之法》中对华为的学习对象、学习思维、学习方法等进行了系统和独到的阐述，该书结构饱满、逻辑清晰，并且故事生动、可读性强，值得有志于学习与变革的企业管理者阅读参考。

——邢宪杰

华为公司原副总裁 & 变革项目管理办公室主任

华为"蓝血十杰"

/////////////////////////////////

学习华为，从了解华为如何学习别人开始。邓斌在创作《华为学习之法》的过程中，除梳理了他在华为10多年的切身体悟之外，还深度访谈了多位在华为工作20年左右的"老华为人"，治学严谨。本书从"华为向谁学"和"华为怎么学"两个方面进行深度挖掘和提炼，系统地解析了赋能华为的8个关键思维，这对于正在或准备向华为学习的企业和读者来说，具有非常大的借鉴价值，值得研读。

——谭新德

华为公司第一任首席知识官 & 战略营销变革总裁

华为"蓝血十杰"

/////////////////////////////////

有人说，华为是非常少有的 IBM 得意门生：拜师 IBM 学习西方管理取得脱胎换骨式的成功，并在很多方面青出于蓝而胜于蓝。为什么许多企业向 IBM、华为等领先企业学习却常常达不到预期呢？原因多在于好学而不得法。《华为学习之法》的作者邓斌基于自身在华为10多年的学习实践，抽丝剥茧，在本书中把华为学习别人的一整套逻辑呈现给读者。全书通过丰富鲜活的案例，深入浅出地把"华为向谁学""华为怎么学"的迷雾层层拨开，通俗易懂，让人读后颇有启迪。相信读者在阅读此书后定会收获颇丰，诚挚推荐。

——周良军

华为公司原首席信息官 & 企业业务规划与咨询部总裁

华为"蓝血十杰"

推荐序一
华为学习之法的变与不变

在《华为学习之法》出版之际，作者邓斌向我发出邀请，希望我为这本新书作序，我欣然答应。这本书重在讲述华为的学习之法，即"学什么""怎么学"。

众所周知，华为之所以能取得今天的成就，关键原因之一就在于华为特别擅长学习。

华为当年花了 10 多年的时间，从 IBM 学习了 IPD[⊖]、BLM[⊜]等流程。青出于蓝而胜于蓝，华为很好地学习并消化了 IBM 的精髓。据说，IBM 的人后来感叹"没想到华为把学到的本事用得比我们更好、更久、更广泛"，感慨华为是"学习的进化"之典范。

类似的例子在华为不胜枚举。华为很善于站在巨人的肩膀上，而学习华

⊖ 中文全称为"集成产品开发"，英文全称为"Integrated Product Development"，是一套产品开发的模式、理念与方法。

⊜ 中文全称为"业务领先模型"，英文全称为"Business Leadership Model"，是企业战略制定与执行连接的方法和平台。

为既要学会华为如何学习别人，也要善于站到各个巨人的肩膀上去。

华为是一家不断进化和演变的公司，华为向别人学习的内容也在不断变化，但学习的精神、学习的方法论是相对不变的。那么，华为在学习方面的变与不变究竟体现在哪里呢？尤其在华为学习的历程中，始终不变的那一部分究竟是什么？这是读者需要重点关注的方面。

为《华为学习之法》作序是挺有挑战性的，幸得创业以来我一直处于学习的状态，在此班门弄斧分享三点。

一、学习的目的是实践

实践是为了更好地认知，新的认知又可以更好地指导实践。概括而言，学习是为了认识世界、改造世界。具体而言，学习是为了发现客观世界和主观世界的规律并应用规律、驾驭规律、超越规律。

彼得·德鲁克说，管理的本质是一种实践。然也。

我于 1998 至 2014 年服务华为 10 余年。自 2015 年创业以来，我深感创业是一种管理和生产实践，与思想实验、科学实验有很大的不同。

创业中，确定性和不确定性仿佛孪生兄弟，纷至沓来。面对这些挑战，如何让团队真正做到"力出一孔、知行合一"，这是个永恒的问题。

要解决这个问题，就要处理好学习与实践的关系。

流行于互联网世界的精益产品方法论，就是一个学习和实践方法论的具体体现：首先，推出一个针对用户核心痛点的产品原型；其次，根据用户和数据反馈，快速优化调整、不断迭代发展；最后，才能从丑小鸭蜕变为白天鹅。

企业的业务活动，纷繁复杂；市场多变，团队亦在变。

要学习管理，首先必须明白管理的本质是一种实践，要从实践中来，到实践中去。

企业的本质，就是对内激发团队，提高效率，产生更大的生产力；对外为客户创造价值或者创造客户。

我们向华为学习，只要抓住上述内外两个要点，处理好学习与实践的关系，就抓住了主要矛盾和关键要素，就是在落实更好的实践。

二、科学学习，洞察本质，践行科学学习的方法

有的事物或规律本来就客观存在，但是无人洞察。

就像阿基米德在洗澡时发现了溢出水的重量等于浮在水里的物体的重量，这其实是一个发现。那时的人天天和他一样洗澡，可只有他洞察了这一规律。

基于这个发现，有人制作了救生圈和舰船。有了舰船，人类改变世界的实践能力更强大了。这些皆来自一个对浮力的洞察。洞察不可谓不重要。

很多企业早期发展良好，一定是因为团队在对的时间做对了一些事情，但如何保证持续做对？如何让小概率成功事件变成大概率持续成功事件？如何从无意识到有意识？如何从偶然到必然？这就需要掌握科学学习的方法。

华为很多学习的方法，开始时是"拿来主义"，但都逐渐固化成了流程、

工具、方法论，不断去对市场、客户、技术、自身刷新认知，更好地实践。

只有超越套路，不断实践底层方法论，方法论才能被活学活用，理论和实践才能有机地结合起来，企业才能成为学习型组织。

有的企业学习方法论有新鲜劲，但实践起来却没有恒心，主管也缺乏带头推行的意识，不与具体日常工作结合，就很难形成一种组织层面的认知能力和行为习惯。

只要想想华为当年投入了多少精力来"先僵化、后优化、再固化"地建设这种组织学习能力，就能明白只有付出才有回报，只有坚持才能升华。

三、始终保持学习的心态，终身学习反熵增

《论语》曰："子入太庙，每事问。"并非孔子不懂，而是他有"苟日新，日日新，又日新"的心态。

亚马逊创始人贝索斯始终强调的企业文化"Day 1"，即永远以保持第一天的心态来认知客户和工作，因此这个员工总数已经超过130万的庞大商业组织依然能快速、敏捷地行动。这与乔布斯的"求知若饥，虚心若愚"（Stay hungry, stay foolish）如出一辙。难点就在于保持，这种学习心态的保持是一种重要修炼。

终身学习还有一个重要作用，就是反熵增。无论组织还是个人，保持学习的空杯心态，主动把自己的水位放低，持续反思和总结，坚持批评和自我批评，才能一杯咖啡吸收宇宙能量，才有学习进步的可能。

从以上三点可以看出，华为学习之法的变与不变交融在一起，邓斌在《华为学习之法》的"华为怎么学"篇详细解读的"靶向思维""求渔思维""迭代思维"，也反复强调了这一点。由此可见，邓斌本身就在变与不变的学习状态中一直系统地思考组织学习的问题。

这两年，华为的业务已经从当年的"云管端"（云计算、网络、终端）快速扩展到芯片、操作系统、数据库、数字能源和无人驾驶领域等，让人由衷感叹华为真的是一块高产的"黑土地"，一个超级学习型组织。

世界正在从原子世界演进到比特世界，我国正处于一个数字经济大发展的战略机遇期。企业如何更好地创造客户价值、降本增效、开源节流、持续创新？答案之一是"善于学习"。

数字经济时代的企业学习，也势必对企业转型升级和提升企业竞争力更加重要。

衷心祝愿越来越多像华为这样的学习型组织涌现，抓住企业数字化转型升级的历史机遇，提升竞争力，更好地为客户创造价值，为社会服务，为中华民族的伟大复兴添砖加瓦。

杨蜀

刷宝科技 & 标普云科技创始人

华为公司原副总裁 & 海外区域总裁

推荐序二

个人和组织相得益彰的华为学习之法

我和邓斌老师在华为工作期间没有交集，真的很遗憾！

邓斌老师在华为奋斗10多年，离开华为之后一直致力于对华为文化、战略、组织、干部、数字化等方面的挖掘和提炼，并且笔耕不辍，把多年的跟踪研究成果输出为"学习华为三部曲"（《华为管理之道》《华为成长之路》《华为学习之法》），我很佩服他的钻研精神。

强大的学习能力是华为持续成功的关键因素和必要条件。我于1998年加入华为，2017年退休，20年来天天处于不断学习提升的环境中；其中在担任华为公司第一任首席知识官（Chief Knowledge Officer，CKO）期间，我对华为在学习方面的经验曾做过深度研究和系统总结，整体来说其可分为个人学习和组织学习两类。

一、个人学习

新员工加入华为公司伊始，就有企业文化培训、一营二营的技能培训以及相关工作应知应会方面的培训；进部门后，在思想导师和直接主管的指导下，还有一堆学习任务倒逼新员工快速掌握岗位所需的知识技能。对于老员工，部门每年都会安排大量的学习任务，让员工在"干中学、学中干"，保持对新知识的渴望，避免因思维固化而掉队。可能有读者会问：学习是不是一项被动的行为？在我所接触的华为人中，绝大部分员工是非常主动地学习新知识的。如果你有机会去看一下华为知识平台 3ms，就会发现上面有大量各种各样自发成立的学习小组，学习气氛非常浓烈，这才是华为人日日精进的原动力。

二、组织学习

华为在组织学习上大致分为两个方面。一个方面，华为会开展组织成长所需要的知识开发和集体学习，每个部门都会经常组织研讨输出业务策略和方案、开发相关培训材料、整理最佳实践；另一个方面，华为不惜代价引进"明白人"和学习全球最佳实践。华为在引进"明白人"时会同步整理相关学习材料并迅速在部门内全员共享，而学习全球最佳实践时，则通过选择最适合华为的咨询公司"带路"，进行全球最佳实践的思想理念、解决方案的引入及华为化，这个过程一般都会以启动对应的重大变革项目来落实。得益于华为在组织学习方面的持续重视，我本人全程主导或参与的重大变革项目至少包括 IPD 流程设计与推行落地、研发项目管理推行落地、市场管理、需求管理、上市管理、决策评审点、战略规划到执行、从市场到线索 / 集成财经服务、管理客户关系 / 线索到回款、知识管理、文档管理、消费者 BG[⊖]企业架

⊖ 目前，华为共有三大运营中心（Business Group, BG），分别是运营商 BG、企业 BG、消费者 BG。

构蓝图、数字化运营等公司级重大变革的规划、架构设计、方案制订、试点和实施及全球落地。公司级重大变革项目，其实就是组织学习的最佳场所，它持续牵引华为整个组织能力的迅速提升。

在本书中，邓斌老师独辟蹊径，从"华为向谁学"及"华为怎么学"两个方面进行了深度挖掘和提炼，系统地解析了赋能华为的 8 个关键思维，这对于正在向华为学习或准备向华为学习的企业和读者来说，具有非常大的借鉴价值。

邓斌老师在写作这本书的过程中，除了梳理他在华为多年的切身体悟、翻阅大量华为管理变革和知识管理的第一手参考资料，还访谈了多位像我这样在华为工作 20 年左右的"老华为人"。他在深圳和杭州两度与我面对面深度访谈，反复求证，生怕误导读者，其治学态度非常严谨。

最后，我把任正非先生的一段话分享给大家："大机会时代，对每个人都提供了机会，唯有一个要求：向一切优秀的人学习。学习别人优秀之处，不要总拿我们的长处比别人的短处。以后我们的对手就是自己，这要成为一种文化，这就是哲学。"衷心希望所有读者能从阅读邓斌老师这本《华为学习之法》中得到新的启发，总结提炼属于自己企业的学习之法，在大机会时代勇于挖掘本行业的"巴拿马运河""苏伊士运河"，从一个成功走向另一个成功！

谭新德

华为公司第一任首席知识官 & 战略营销变革总裁

华为"蓝血十杰"

学习领先者，成为领先者

书享界

"学习华为三部曲"
《华为管理之道》
《华为成长之路》
《华为学习之法》

华为学习之法 邓斌◎著
华为成长之路 邓斌◎著
华为管理之道 邓斌◎著

漫画绘制：王碧华

前言
华为如何学习别人

　　大机会时代，对每个人都提供了机会，唯有一个要求：向一切优秀的人学习。学习别人优秀之处，不要总拿我们的长处比别人的短处。以后我们的对手就是自己，这要成为一种文化，这就是哲学。

——任正非

　　2021 年 3 月 31 日，第一季度的最后一天，华为如期发布了上一年的年报《华为投资控股有限公司 2020 年年度报告》。尽管面临被美国列入实体清单和全球疫情蔓延的双重压力，华为在 2020 年依然保持了增长势头：全球销售收入为 8914 亿元，同比增长 3.8%；净利润 646 亿元，同比增长 3.2%。靓丽的成绩单充分说明了一个问题：华为的发展不单纯依靠行业的红利，更依靠自身真正拥有的深厚的功力和内涵。见贤思齐，华为值得被中国企业认真学习。

"学习华为三部曲"的内在逻辑

我在华为任职 11 年，持续跟踪研究华为管理超过 17 年。为什么要创作"学习华为三部曲"？其内在逻辑是什么？读者如何借助其更快速地了解华为？关于这些问题，本书的前言就是我的心里话。

《华为管理之道：任正非的 36 个管理高频词》是"学习华为三部曲"的第一部，其灵感源于我的一个观察：**企业家口中的高频词其实就是其管理思想的要点**。于是，我从任正非创办华为 30 年以来的讲话和总裁办电子邮件的 1000 多万字中，以大数据筛选的方式选出了最有代表性的 36 个高频词，并以此为全书主线。这 36 个高频词大致可分为两类：管理类和经营类。根据华为管理的两种用力方向，我将管理类的高频词拆解为两部分：管理的拉力和管理的推力。在经营类关键词中，我把华为经营的举措也拆解为两部分：经营当下的生意和经营未来的事业。通过解析这 36 个高频词的提出背景和使用场景，读者可以更加透彻地理解任正非如何巧妙地与 20 万华为人做战略共识工作。

《华为成长之路：影响华为的 22 个关键事件》是"学习华为三部曲"的第二部，其灵感源于我的另一个观察：**我们其实并不是在学习华为的现在，而是在学习华为如何走到现在**。很多企业没有把自己所处阶段的制胜要素夯实，盲目对标，从而错失了自己的发展良机，这让人扼腕叹息。于是，我以华为 30 余年所经历的四大阶段——产品定位期（聚焦于"做成"）、市场复制期（聚焦于"做大"）、管理规范期（聚焦于"做强"）、生态联动期（聚焦于

"做久")的 22 个关键事件为视角，透视企业发展四大阶段的核心制胜要素，让读者在学习华为管理时更具有场景感，从华为成长之路中找到适合自己企业所在阶段的那双"合脚的鞋"。

《华为学习之法：赋能华为的 8 个关键思维》是"学习华为三部曲"的第三部，作为三部曲的收官之作，我对其格外重视。这本书源于我的一个总结：**"学习"，本来是很"柔软"的东西，但华为人却把它变得很"硬核"。**华为被美国商务部列入实体清单以来，业界掀起了向华为学习的热潮，大家都在谈论华为、学习华为，其实华为也在学习别人。华为在从追随者变为领先者的 30 余年成长之路上，面对的未知领域远远大于已知领域。怎么突破这一困境？只有"学习"一途。华为向谁学？华为怎么学？这两个问题促使我执笔写作这本《华为学习之法：赋能华为的 8 个关键思维》，系统性地解读华为如何向别人学习，帮助读者从"网红华为"这一观念中走出来，一起认识"学霸华为"；让读者在学习华为的路上少走弯路，建立属于自己的有效学习方法。

理解华为学习之法，先从理解华为学习的目的和本质开始。

华为学习的目的：改变现状

华为学习的目的是什么？我先给大家讲一个小故事。

"创新理论之父"约瑟夫·熊彼特（Joseph Schumpeter）和"现代管理学之父"彼得·德鲁克（Peter Drucker）两家是世交，从年龄上来看，熊彼特比德鲁克年长一代。1950 年元旦，德鲁克的父亲带着刚满 40 岁的德鲁克，到哈佛大学拜访 66 岁的熊彼特。当时的熊彼特早已名满天下，德鲁克才刚刚崭露头角，没有系统建立自己的学说。在两位老人交谈时，德鲁克在旁边安静地听着。闲谈中，熊彼特说了一句影响德鲁克一辈子的话："在我现在这个年龄看来，人们如果只是知道我写了几部著作以及提出了一些理论，我认为是不够的。如果没能改变人们的生活，我就不能说自己已经改变了世界。"8 天之后，熊彼特溘然长逝。德鲁克后来回忆说："我从没有忘记过熊彼特和父亲的那次对话；尤其是他说的那句话，成了我衡量一生成就的指标。"

2003 年，美国的两位知识管理专家在《哈佛商业评论》上推出一份 200 位管理大师的排行榜，并问读者："在上榜的管理大师中，谁是你们心目中的管理大师？"对收回的答案统计得出，德鲁克在这个重磅级的榜单中名列第一，由此可见其在全球管理学术界的地位。

德鲁克一生著作等身，据不完全统计，被翻译成中文的著作就有 39 本，其中写于 1954 年的《管理的实践》是他的代表作。正是这本书开创了"管理学"这门学科，也从此奠定了德鲁克的学术地位。

一个有意思的问题是，作为现代管理学的开山鼻祖，为什么德鲁克没有把这本划时代的著作命名为《管理学》，而是命名为《管理的实践》？答案就在四年之前（1950 年）熊彼特对他说的那句话——"如果没能改变人们的生活，我就不能说自己已经改变了世界"。管理是一种实践，其训练场在企业而不在大学，其本质不在于"知"而在于"行"；其验证不在于逻辑，而在于成果；其唯一的权威就是成就。德鲁克不仅希望那些从事管理学术研究的人读他的著作，他更希望企业家和企业高管们能从他的著作中得到实践的感悟，从而改变自己、改变团队、改变环境。

我为什么讲述与管理大师德鲁克有关的这个小故事？因为，对于"学习"这件事而言，其要义也是如此。华为自身的学习实践反复验证了这一观点：**如果不能改变现状，学习没有任何意义**。

对于这个观点，我先举两个案例。

1999年，华为向IBM学习产品研发管理。IBM的顾问从一个痛点问题——"华为公司的产品开发周期是多长"入手，把处于产品概念阶段、方案阶段、开发阶段、验证阶段、发布阶段等产品研发周期内的华为和IBM进行横向对比，得出一个结论："华为没有时间把事情一次性做好，却有足够的时间将事情一做再做。"这个结论一下子戳中了华为人的要害，于是任正非下定决心改变这种现状，缩短与业界最佳的差距，从而启动了长达20多年的对标学习和管理变革。如今，华为的产品研发管理水平已经超越IBM，IPD流程从1999年的V1.0版升级到2021年的V11.0版，全面覆盖从运营商业务到消费者业务的超大型产品研发工作。据称，IBM有意高价购买华为升级后的流程版本，再销售给中国的其他大型企业。当然，华为不会同意这样的交易。

2009年，华为再次向IBM学习。这次是学习如何做战略管理，华为引进了IBM自身实践的战略管理工具——业务领先模型。这个模型的起点是"差距"，其核心思想是，战略是由不满意/不满足激发的，是一种对现状和期望业绩之间差距的感知，而战略思考的整个过程始终以缩小差距为目标，贯彻从战略到执行的一致性逻辑思考。这种意识到"差距"而谋求改变的思维，非常符合任正非的经营观——机会牵引成长，而非资源驱动成长。因此，自

2009 年以来，华为每年都使用这个模型来牵引华为全员达成战略共识。从成果来看，近十几年来，华为在战略上基本没有出现明显的"硬伤"，可见这个方法确实行之有效。

华为以上两次学习，有多个不同点：

关注的领域不同——前者关注研发管理，后者关注战略管理；

时间节点不同——分别是 1999 年和 2009 年，二者时隔 10 年；

企业规模不同——1999 年，华为员工数 1.5 万人，年销售收入 77 亿元；2009 年，华为员工数 9.5 万人，年销售收入 1466 亿元。其间，员工数量实现了接近一个数量级的增长，销售收入相差近 20 倍；

……

但是，两次学习在一个关键点上是相同的——学习目的都是缩小差距、改变现状。学习从来就不是目的，也不应该成为目的。正如麻省理工学院所倡导的学习理念，"知识管理的价值不依赖于知识或者信息技术，而是组织成员对知识的应用"（Value of knowledge management depends not on knowledge or on IT, but on the use of knowledge by an organization's members）。

企业是营利性组织，开展学习不应是为了"兴趣爱好"，而应围绕"问题解决"。"一切学习只为改变"，这个观点将伴随企业从"跟随者"走向"领先者"。做好这一点，企业既可"独善其身"，又能"兼济天下"。

当在行业中扮演"跟随者"的角色时，学习是为了追上标杆，在管理、技术、人才、流程等方面缩小与领先者的差距。这是在做"独善其身"的工作。

当在行业中扮演"领先者"的角色时，学习是为了自我超越、持续领先。当前方没有学习标杆，则在"无人区"中做自我批判，在发明专利、基础研究方面不断投入，牵引行业脱离低水平的价格竞争，提高行业的准入门槛，促进行业整体生存空间的改善，做一个担负起行业引领者责任的合格领先者，这就是在做"兼济天下"的工作。

华为学习的本质：不是获取知识，而是达成共识

企业学习与个人学习有着本质上的差异。个人学习主要是为了获取新知识，拓展认知边界；但企业学习的核心诉求不在于此，其本质是为了达成共识。究其原因，企业是一个营利性组织，其一切行为都围绕组织目标的达成而展开，包括学习。学什么、不学什么，不由个人兴趣而定，而由组织目标和企业资源能力之间的差距而定。关于这一点，给大家讲一个我的亲身经历。有一位企业老板想构建学习型组织，决定首先从建立企业图书角开始。他得知我的阅读量比较大，希望我帮忙列个书单，推荐100多本书，让公司全员都能自由选择阅读。我听后笑了笑，很认真地纠正他："这样做是错误的！作为管理者，要想有大格局、大视野和丰富的思想，需要足够的阅读量是没错，但这些是个人行为，上升到企业行为则不能这么看。企业学习的首要目的不是获取知识，而是达成共识。而这个共识，应该是老板期望的共识。在将任何不利于达成老板期望的共识的思想引入企业时都要慎之又慎，否则企业内部思潮涌动，无法聚焦共同目标的达成。读书会是思想洗礼的工具，书贵精

不贵多。选定 4 本书，一个季度只读 1 本，公司自上而下读透它，才是企业读书的正道。"他听完这段话，恍然大悟：学习不是个人的事，必须对准组织目标，有意识地把学习培养成组织的行为习惯。

因此，在走进企业讲授"华为管理之道"课程时，尽管这些企业分布于各行各业，但每一次企业内训课前，我都会对企业提出一个类似的请求：在授课的前一天晚上，我要见一见该企业的老板。我深知老板的时间都很宝贵，所以我只问他以下三个问题。

第一个问题：既然您想学习华为的管理，那么此前一定对华为有所了解，作为老板，您怎么评价华为？

第二个问题：华为管理涉及的面很广，不可能面面俱到地学习，在接下来的两天内训课中，除了前期人力资源总监和我交流确定的课程大纲，您特别希望我向您的管理者们解读华为的哪些方面？

第三个问题：任何企业都有自己的"禁区"，您觉得在接下来的两天内训课中，哪些话题比较敏感，希望我尽可能淡化？

我为什么问这三个问题？就是为了准确把握企业老板的真实战略意图，让华为的领先管理思想和优秀经营管理实践为企业所用，而不是本末倒置，不是让企业管理者因学习华为而自卑。企业管理者经营企业是为了实现自己的组织战略目标。谁是企业战略目标的代表？企业老板。如果一个新思想与企业老板要带领队伍实现的目标相悖，甚至引入这一思想还会导致企业思想混乱、战略执行效率低下，那么企业就会得不偿失，即便这一思想是华为的领先管理思想又如何？我传授华为管理之道有一个底线：不能给企业添乱，不能阻碍战略落地。

"如何成为下一个华为"这一问题是没有答案的。华为是时代的产物，不可复制，但可学习，尤其是学习"华为如何向别人学习"。本书分为上、下两篇，上篇用 5 章探讨"华为向谁学"，下篇用 3 章探讨"华为怎么学"，为读者揭开华为学习之法。

任正非先生对华为员工说："人生攒满了回忆，就是幸福。"在华为工作的 11 年，是我一生中最宝贵的财富。每每回忆起过去的点点滴滴，我都很庆幸当年选择加入华为。有一次，我太太在整理书房时，发现了我在华为工作时获得的金牌奖、总裁奖的奖章和证书，但我自己都想不起在什么时候获得了这些荣誉。在关于华为的十多年的工作记忆中，最让我刻骨铭心的不是获奖的情景，而是那些在投标之前与华为同事们群策群力在咖啡馆准备标书到凌晨两点的情景，以至于当时服务员抱怨说："你们华为人一来喝咖啡，就喝到凌晨，我们都跟着加班了。"他们没有理解：华为人喝的不是咖啡，这群人是借着一杯杯咖啡，在客户需求的引领下训战、学习。

学习华为，先从学习"华为如何学习别人"开始。也期待你们对公司的记忆也像华为员工对华为的记忆一样，成为一生最深刻的人生回忆。

《华为学习之法》

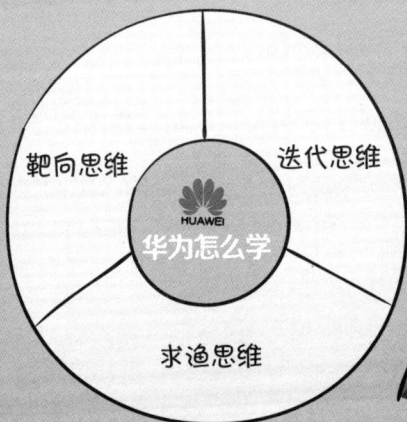

目录
C<small>ONTENTS</small>

I

上篇

华为向谁学

上篇导读　本书上篇主要围绕华为在 30 余年间"向谁学"这一关键问题展开，将学习对象分为五个部分：向西方学习、向军队学习、向市场学习、向客户学习、向万物学习。假如有一座"华为学习大厦"，向西方学习和向军队学习是大厦的地基，向市场学习和向客户学习是大厦的支柱，向万物学习是大厦的天花板。没有坚如磐石的地基，海量知识将不知向何处夯实，就会越学越迷茫；没有定乾坤的支柱，企业学习将偏离经营的本质，无法汇聚全体力量实现组织的目标；没有打破"天花板"，学习的视野很容易局限于本行业。万物的运转逻辑有很多共同点，能否为我所用，取决于我们是否有"读万卷书，行万里路，见万种人，干一件事"的开放格局和恢宏气度。

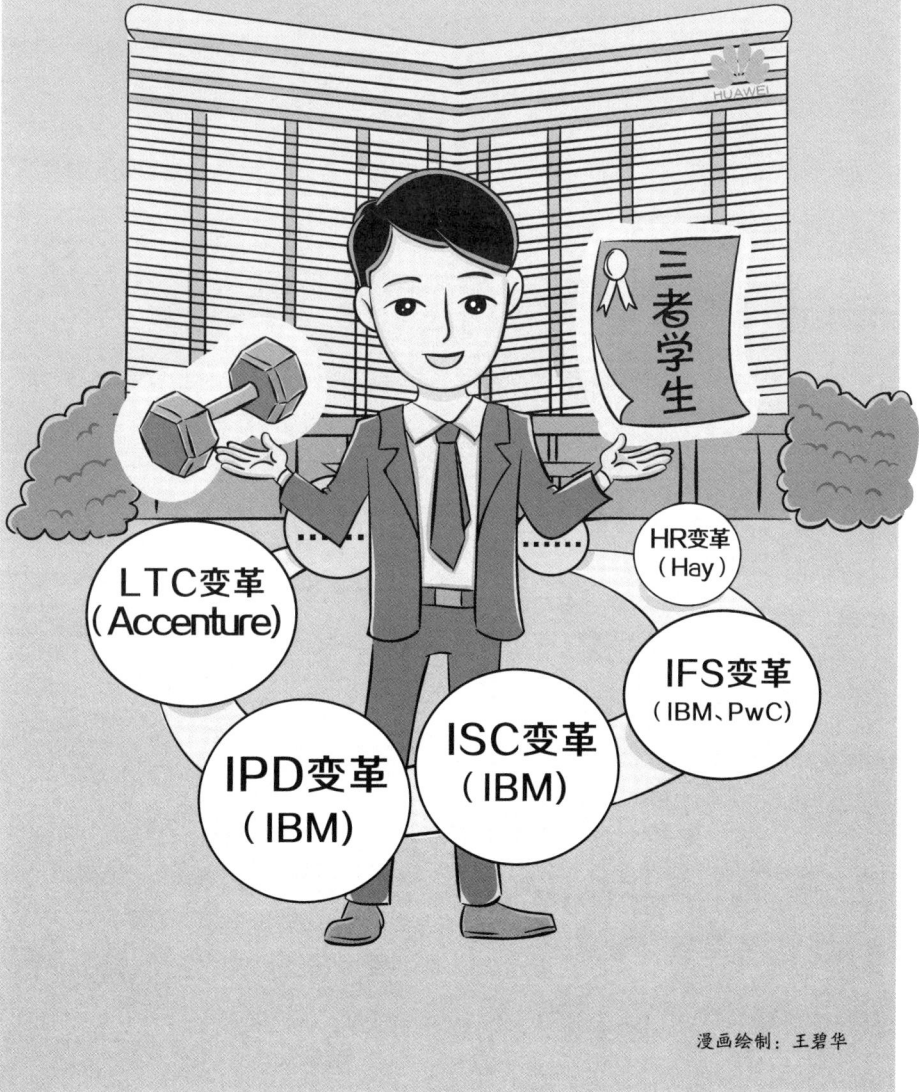

华为向西方学习

三者学生

LTC变革
（Accenture）

HR变革
（Hay）

IFS变革
（IBM、PwC）

IPD变革
（IBM）

ISC变革
（IBM）

漫画绘制：王碧华

3

第1章

向西方学习：青出于蓝而胜于蓝

〔本章导读〕 | 自洋务运动以来，中国一直秉承坦诚开放学习的理念与西方紧密接触，尽管过程中时有波澜，但全球文明惠泽全人类的共存共荣意识早已深入人心、不可逆转。华为学习的主策略是，依靠兼收并蓄构筑华为管理体系大厦，坚定不移地向西方企业学习先进经验。

本章系统地解析了华为向西方企业学习的基本逻辑，具体如下。

首先，华为是一名"三者学生"，为了实现心中的理想，在全球范围内寻找顶尖的老师求解，坚定地追求目标。

其次，华为是一名"工程商人"，非常清楚自己要去哪里，深谙"高筑墙、广积粮、缓称王"之道，把西方企业传授的功夫深藏于哑铃型结构之中，在乱中求治、治中求乱的自我批判中走过30余年。

最后，更值得读者留意的是华为拜师 IBM 的历程。华为 1998 年开始邀请 IBM 担任公司管理变革的总设计师，发起华为史上规模最大的"管理变革"，其经验教训对后续中国企业借助外力推动管理变革具有很大的借鉴意义，也为东西方世界的企业合作史留下了浓墨重彩的一笔。

"三者学生"：自始至终向西方企业学习

华为是实用主义者

华为不追求理论的完美，只追求适用于自己。正如 2018 年 7 月 6 日，任正非在与华为总干部部及人力资源部相关主管的沟通中所谈到的，"我对法务部的批示，不是要做世界上最好的法务部，我要的是最适配我们生产的合作者。我对财经管理部的批示，不是要做世界上最好的财经管理部，而是要屁股往下坐，要解决一些纬线管理问题。人力资源管理也有纬线问题，什么是纬线？就是要搞明白服务对象，为谁服务，首先要懂得谁"。

华为认真学习了西方企业的"术"（流程与组织），并将其装在华为的"道"（经营管理哲学）中，用自身的战略牵引组织学习，而并非将别人的东西都拿来，东施效颦，最后忘记了自己为何出发。

华为是拿来主义者

华为不追求管理原创，而是世界最大的管理学系统集成商。百年管理理论所涉及的众多经典管理方法，都可以在华为找到实践的原型。1911 年，泰勒在《科学管理原理》一书中，提出科学管理原理的四个基本组成要素，其中第一个要素是把管理当成一门真正的科学。据我所知，华为是中国企业中第一个设立"首席管理科学家"头衔的公司（当前获得该头衔的人是《华为基本法》执笔人黄卫伟教授）。可见，华为真正把管理当成一门科学，而非片面地强调其艺术性的一面。

华为是虔诚学习者

自 1998 年拜师 IBM 以来，华为掀起了一场向西方企业学习管理的行动，这个行动持续了 20 余年。华为漫漫 20 余年的成长，克服了重重艰难险阻，终于取到管理真经。在向西方企业取经的这 20 多年时间里，华为请遍了全世界范围内人们能够叫得出名字的国际知名咨询公司，包括 IBM、麦肯锡、埃森哲、罗兰·贝格、德勤、安永、普华永道（PwC）、毕马威（KPMG）、波士顿、合益（HAY）、美世（Mercer）……1998—2018 年，华为的管理变革投资占销售收入的比例平均超过 1.4%——为管理变革单独留出一笔预算，可见任正非对管理的重视程度。华为不会让某一年的效益好坏影响管理变革决定，而是把管理变革视为常态化工作来持续推进。

管理变革推进至今，基于中华民族自带的勤劳和智慧，外加采纳西方企业的管理框架，华为形成了刚柔并济的独特管理体系。任正非曾形象地用"云雨沟"来形容它："云"是经营环境，"雨"是管理思想，"沟"是西方企业过去100多年走过的成功道路，三者一起构成华为管理体系。天上的"云"，在内外部环境的化学作用之下，可化为"雨"，雨水落到地上，不能放任四溅，只有被引导至预先挖好的"沟"里流动，才能有效灌溉庄稼，可预期的经营之果才能生长而出。

如今，华为之所以能够在全球市场取得引人瞩目的成绩，就是因为在

1998 年以来的 20 余年中，坚持认认真真地向西方企业学习管理，真正走上了西方企业，尤其是美国企业走过的路。正如华为人的口头禅，"虽然我不行，但我知道谁行"。

灰度管理 30 年：乱中求治、治中求乱

华为的管理充满灰度哲学，在这 30 余年的管理中，华为乱中求治、治中求乱。从学习的角度来看，这 30 年大致可以被划分为三个阶段。

第一个 10 年（1987—1997 年）：以自己摸索、被动响应问题为主，彼时华为所走的路径与中国众多企业在飞速扩张期遇到问题时的被动救火没有本质差异。任正非曾在华为内部论坛发表文章《一江春水向东流》，他在文中回忆道："在华为成立之初，我听任各地'游击队长'们自由发挥。其实，我也领导不了他们。前十年几乎没有开过类似办公会的会议，总是飞到各地去，听取他们的汇报，他们说怎么办就怎么办，理解他们，支持他们；听听研发人员的发散思维、乱成一团的所谓研发，当时简直不可能有清晰的方向，我们就像玻璃窗上的苍蝇，乱碰乱撞，听到客户一点点的改进要求，就奋力找机会……更谈不上如何管财务了，我根本就不懂财务，这导致我后来没有处理好与财务的关系，他们较少被提拔，责任在我。也许是我无能、傻，才如此放权，使大家的聪明才智得以发挥，成就了华为。我那时被称作'甩手掌柜'，不是我甩手，而是我真不知道如何管。"华为在这期间的学习探索比较凌乱、见招拆招，而且带有较强的 20 世纪 90 年代的时代特征，所积累的学习经验对当前中国企业的借鉴意义不大，因此本书没有把其作为重点来阐述。

如果读者对此感兴趣，可以参阅《华为成长之路：影响华为的22个关键事件》一书中关于华为产品定位期、市场复制期的关键事件。

第二个10年（1998—2008年）：如果向别人学习也有"主航道"一说，那么向西方企业学习就是华为学习的"主航道"。在此期间，华为开始主动思考如何构建管理体系，向以IBM为首的西方企业开展系统性学习。值得注意的是，华为此时基本不提美军，原因是华为自身的组织没有搭建起来、主流程还没打通。如果主干不通，末端再灵活也是一盘散沙，所以华为彼时的当务之急是抓主要矛盾，聚焦于把主干管理得清晰、标准、简洁。华为在这一阶段的学习经验将被作为重点在后文中详细阐述。

第三个10年（2009年至今）：华为在这一阶段开始系统性地向军队学习组织建设，尤其是向美军学习。在2009年之后，华为的组织明显出现僵化、机关指挥一线效率低下，从某种意义上讲，出现这种情况是华为在第二个10年中向IBM学管理规范带来的副作用——把IBM的组织僵化等糟粕也一并学了过来，因此华为需要对组织的权力体系进行重构。

华为在第二个10年和第三个10年的学习都属于系统性学习，但是学习的诉求差异很大。如果说华为在第二个10年着眼于乱中求治，疏通主干，把主干的管理做得清晰、标准、简洁；那么在第三个10年，华为则着眼于治中求乱，把末端刺激得开放、灵活、敏捷。需要注意的是，正是因为在第二个10年搭建的管理体系疏导了管理中的主要矛盾，在第三个10年推动末端开放时，华为才不至于走向分崩离析，而达到了激活组织的效果。

哑铃型结构：战略资源分配有重心

驼峰，是骆驼背部隆起的山峰状的部分，内部储藏着大量脂肪，当骆驼在沙漠中长途行走、又饿又渴时，驼峰内的脂肪就会分解，变成骆驼身体急需的营养和水分。企业的学习逻辑也是如此，平时的流血流汗、刻苦训练，是为了积累战时所需的关键功力。那么华为的功力深藏何处？这就需要了解两个概念："微笑曲线"和"哑铃型结构"。

中国台湾宏碁集团创办人施振荣于 1992 年提出了著名的"微笑曲线"（Smiling Curve）理论。这是一条微笑嘴型的曲线，两端朝上——在制造业产业价值链中，价值最丰厚的环节集中在价值链的两端，即研发和市场，而中间的制造环节附加值最低。华为属于高科技制造业，因此其经营实践也遵循该理论。

从华为员工结构上看，50% 左右的员工是研发人员，35% 左右的员工是销售和服务人员，这两项的占比是 85% 左右，而财务、采购、生产制造、行政、IT 等支撑人员合计占比 15% 左右。为什么后者人数这么少？因为 2000 年之后，华为逐步把生产、后勤服务、基础培训、工程安装、软件代码编写、调试、维护等很多中间环节外包出去，只保留一些专业管理人员。国外同行将华为的模式评价为："设计院 + 营销团队"（Design House + Marketing

Team）。华为的人员结构与微笑曲线理论完全一致。不过，华为内部将这一理论称为"哑铃型结构"（两端大、中间小）。它们在本质上是同一个概念，只是叫法不同而已。

从华为官方发布的历年年度报告中，我们也可以清晰地看到华为的投入重心。

2020 年从事研究与开发的人员约 10.5 万人，约占公司总人数的 53.4%；2020 年研发费用支出 1418.93 亿元，约占全年销售收入的 15.9%，而且该投入不是短期行为，华为坚持每年将 10% 以上的销售收入投入研发，2011—2020 年累计投入的研发费用超过 7000 亿元（7257.09 亿元）。这样高的投入，即使在全球范围内也是领先的。2020 年 12 月 17 日，欧盟委员会发布 2020 年欧盟工业研发投入记分牌，这个榜单对全球各大企业 2019 年的研发投入做了排名，华为以 167.1 亿欧元的投入代表中国企业第一次攀升至全球研发投入前三强，仅次于谷歌母公司 Alphabet（231.6 亿欧元）和微软公司（171.5 亿欧元）。在信息与通信技术（ICT）赛道上，华为的研发投入约等于紧随其后的阿里巴巴（第 26 位，54.9 亿欧元）、腾讯（第 46 位、38.7 亿欧元）、百度（第 66 位，23.4 亿欧元）、鸿海集团（第 57 位，27.1 亿欧元）、台积电（第 58 位，27 亿欧元）的研发投入的总和。

2020 年，华为的销售与管理费用支出为 1134.30 亿元，约占全年销售收入的 12.7%，而且该项支出近 10 年的比例一直保持在 12.7%~17.6%，2011—2020 年，华为投入的销售与管理费用累计超过 7000 亿元（7330.46 亿元）。

华为正是通过这一哑铃型的资源分配结构，依靠对研发的持续高投入掌握核心技术，通过扩大规模开拓市场，从而迅速地回笼资金、扩大销售以继续投入研发，由此不断形成良性的增长飞轮。

理解了华为的战略资源投入重心之后，就很容易理解其选择老师的基础逻辑。在华为成长路上，从系统性学习的角度来看，主要有两个老师：以IBM为首的西方企业和美军。这两个老师引导华为加强的恰恰就是哑铃结构的两端：研究与开发、销售与管理。有点意思的是，华为在IBM等西方企业的指导下"削足适履""穿上美国鞋"，构建了规范化管理体系，在第三个10年却通过"解铃还须系铃人"，参照美军"一线呼唤炮火""铁三角"等机制，花了很大力气"脱鞋"，避免组织走向内卷化。

由此可见，学习是有阶段性的，不同阶段所学习的内容与企业发展所处阶段面临的主要矛盾有关。企业发展早期的学习普遍呈现"整体性"，华为以"小学生"的心态，全盘接受老师教的东西，强调遵从性，先僵化后优化再固化；企业发展后期的学习则走向"专题性"，因为管理体系已经建立起来，不太可能推倒重来，所以企业需要拆解出"特性A""特性B""特性C"的小专题来向别人学习。而且，此时华为已经成长为"博士生"，也有了自己的经营管理哲学，向别人学习时采用的逻辑就越来越像参加PMP⊖考试的答题逻辑——四个答案都可以，场景条件不同，答案就不同。

⊖项目管理专业人士资格认证（Project Management Professional, PMP）。PMP考试是由美国项目管理协会组织和出题，严格评估项目管理人员知识技能是否具有高品质的资格认证考试。

相信"假设"：坚定追求目标

"假设"是人类最伟大的思维方式。

没有正确的假设，就没有正确的方向；没有正确的方向，就没有正确的思想；没有正确的思想，就没有正确的理论；没有正确的理论，就没有正确的战略；没有正确的战略，就没有正确的执行。

企业经营需要基于基本假设。2012 年，任正非在与华为诺亚方舟⊖实验室科学家座谈时，提及了他对未来的假设："我们假设数据流量的管道会变粗，变得像太平洋一样粗，建个诺亚方舟把我们救一救，这个假设是否准确，我们并不清楚。如果数据流量的管道真的像太平洋一样粗，也许华为押对宝了；如果只有长江、黄河那么粗，那么华为公司是不是会完蛋呢？"于企业家而言，如果"假设"得不到验证或执行不到位，就无法指出正确的战略方向，也无法锚定企业在未来的定位。这时的企业就像墙头草，随着机会左右摇摆，更谈不上坚定地向别人学习。

华为在向别人学习的过程中，尤其是在学习的投资收益比无法计算得很清楚的情况下，敢于彻底、大气地投入，不仅投入大量资金、人力、物力，

⊖ 根据《现代汉语词典》（第 7 版）中的规范，首选词为"挪亚方舟"，因该实验室为华为自主命名并广泛传播，故此处沿用"诺亚方舟"。——编者注

领导者更是全心投入，在各种场合反复强调要从行动上认真学习。

之所以这么坚定地投入，是因为任正非已经想明白自己未来要去哪，是"信"字在起作用：相信西方企业的管理方法，相信比自己优秀的人。唯有"信"，才会产生内驱力，才会主动靠拢，并在遇到周边的杂音时，敢于力排众议，不惜流血，"削足适履""先僵化后优化再固化"，坚定地把规则之墙建立起来。

很多人都听过孔子收徒"有教无类"，以为孔子非常"仁慈"，却忘记了孔子对拜入他门下的人设置了一个前提条件——对所求知识"朝思暮想"。这就是"信"的力量。因为这份坚信，华为特别想到达心目中的那个地方，所以不会计较短期内在学习上的投资收益比，敢于坚定地追求目标。华为公司董事会首席秘书江西生曾评价任正非："任总的复杂表现在策略上，他的单纯表现在目标上。"

关于华为对目标的坚定追求，我分享两个小故事。

故事一：2011年，华为成立企业BG，以集团军的方式进入政企市场。兵马未动粮草先行，企业BG经营管理团队头脑风暴后输出的人力、组织设置等规划方案递交上去后，却被公司否决了。公司要求，必须深入剖析标杆、主要竞争对手的真实做法，要从道听途说走向系统理解竞争对手。于是，华为企业BG请教咨询公司德勤，花了几百万元咨询费来重新做方案。华为在设定目标时，不能由当事人自己拍脑袋制订计划，要么由相对独立人给出参考意见，要么请咨询公司给出第三方报告——必须真实客观地看待未来的机会、风险和战略目标。

故事二：2000年，华为在开展供应链变革项目早期，发现顾问输出的成果离预期比较远，方案无法实施，于是又找了一个实施公司重新制作方案。当时，该实施公司把价格提高了很多，颇有敲竹杠的味道。供应链体系负责人非常生气，想停止项目。任正非知道后，问这位项目负责人："项目停下来，你能否负得起这个责任？"供应链体系负责人摇了摇头，最后还是接受了高价，继续推进该项目。从这个案例中可以看到，当变革走到深水期，与咨询方/合作伙伴在利益上产生冲突时，为了达成自己内心假设的那个目标，选择隐忍和克制正是任正非的厉害之处。很多公司在遇到这种情况时，都会意气用事，打退堂鼓，把项目停下来，如此一来，损失最大的并不是咨询公司或合作伙伴，而是企业自身。很多企业之所以出现这种情况，根本原因还是对自己假设的战略目标不坚定，对自己未来要走的道路不自信。

华为以高人为师：
只找全球顶尖高手

书享界

顶尖高手

二流高手

三流高手

HUAWEI

漫画绘制：王碧华

以高人为师：只找全球顶尖高手

当企业坚定自身的战略目标之后，下一个问题是，向谁学。华为的经营业务虽然涉及很多领域，但每一个领域在请老师这件事上却有明确的目标，即学习方向一旦定下来，就不计成本地投入，只请这个领域最厉害的"高人""牛人""明白人"，一步学到位。任正非认为，"节约是节约不出一个华为公司的，抓住了战略机会，花多少钱都是胜利，抓不住战略机会，不花钱也是死亡"。为了抓住战略机会，华为从来不会因为价格便宜而选择某位老师，而是不惜代价地在全世界范围内找顶尖的高手当老师。"跟最好的老师学，60分也可以；跟差的老师学，100分也没用。"华为人认为向顶尖高手学习，即使自己悟性差，至少也能学成二流高手；如果老师是三流的，自己最后很有可能变得不入流。更有甚者，为了省钱总是强调自学。企业经营者应当明确，任何有价值的知识体系都无法在短期内靠突击学习建立起来。员工照猫画虎自学掌握了相关知识之后，战略机会点是否还存在都需要被打一个大问号，这是典型的"捡了芝麻，丢了西瓜"。

再举一个华为的实践案例。在产品工艺可靠性方面，华为知道时任IPC可靠性分会主席是这方面的世界级顶尖高手，这位老者最早在贝尔实验室工作，华为很想邀请他莅临指导，通过各种关系邀请了一年多才终于成功，他愿意来华为交流两周。第一周给华为人讲课，第二周指导落地，让华为在产品工艺可靠性方面少走了很多弯路。

华为研发体系的各个领域几乎都因以高人为师而登上巅峰，突破一个又一个技术难题。华为人把这样的学习方法总结成特有的学习三段论：①找世界级顶尖老师；②在"硬学"中调整；③持续迭代、超越老师。在这个过程中，咨询顾问方其实也在成长，比如 IBM 来华为做项目，其中很多交付件是和华为团队一起共创出来的，报告体系就是其中一个典型。IBM 顾问反馈，经过共创，IBM 的报告体系的很多方面现在都比不上华为的报告体系，换言之，华为超越了自己的老师。

反求诸己：借助外界力量解决内部问题

华为是 IBM 在中国的头号弟子。IBM 在中国有很多学生，就成就而言，很少有学生能达到华为的高度。原因多种多样，但有一个最为关键的原因：当你没想清楚去何方，再牛的老师也无法指路。

很多企业都对咨询公司抱有不切实际的期望，把咨询公司当成救世主。我常常在"华为管理之道"的课堂上和企业家学员说："你从事这个行业 20 多年了，都不知道行业下一个增长点在哪儿，能指望刚从商学院毕业没几年、靠着方法论行走江湖的年轻顾问给你指路？他指的路你敢走吗？"咨询公司构建的规范流程制度把企业拖垮的案例比比皆是，华为却不断通过请咨询公司越做越大、越做越强，根本原因是任正非在请咨询公司之前，已经想清楚要把队伍往哪儿带，只不过是在借助咨询公司这个"外来的和尚"实现自身思想体系化、目标共识化、路径清晰化。

中国餐饮巨头西贝餐饮也经常请咨询公司，其创始人贾国龙对咨询的认知非常深刻，值得参考。他曾说："企业家要知道自己是有局限的，有些东西搞不定，就得花钱去买。我们花钱买原料，买羊肉，其实知识、创意也一样，也需要花钱买。创意有创意领域的高手，管理有管理领域的高手，企业家就是组合各种资源，组合原料，组合人，组合创意，再把它销售出去，把钱收回来，然后继续循环。"

贾国龙还说："和全世界顶尖高手过招，就是西贝人的工作方式和生活方式。就是要花钱和不同的咨询公司过招，找够量级的人吵架。就像下棋要找高手陪练一样，在互相陪练中，双方的水平都会越来越高。"

此处分享一个西贝餐饮和咨询公司打交道的典型案例。2010—2014 年，西贝餐饮请了一家西方咨询公司做定位咨询。其间，西贝餐饮四次改名，因生意下滑、咨询顾问费等，西贝餐饮损失几千万元，周围的人都看出这次咨询即将失败，贾国龙却说："真不是人家的错，是我这个老板自己选择的，再说，为了搞清楚我是谁，几千万花得值！"求有不得，反求诸己。无论任正非还是贾国龙，都是善于借助外界力量解决内部问题的高手。

他们的经历也给我们提了一个醒：咨询公司只是"外来的和尚"，如果自己都没想清楚念什么经，跟着瞎念不可能顿悟。

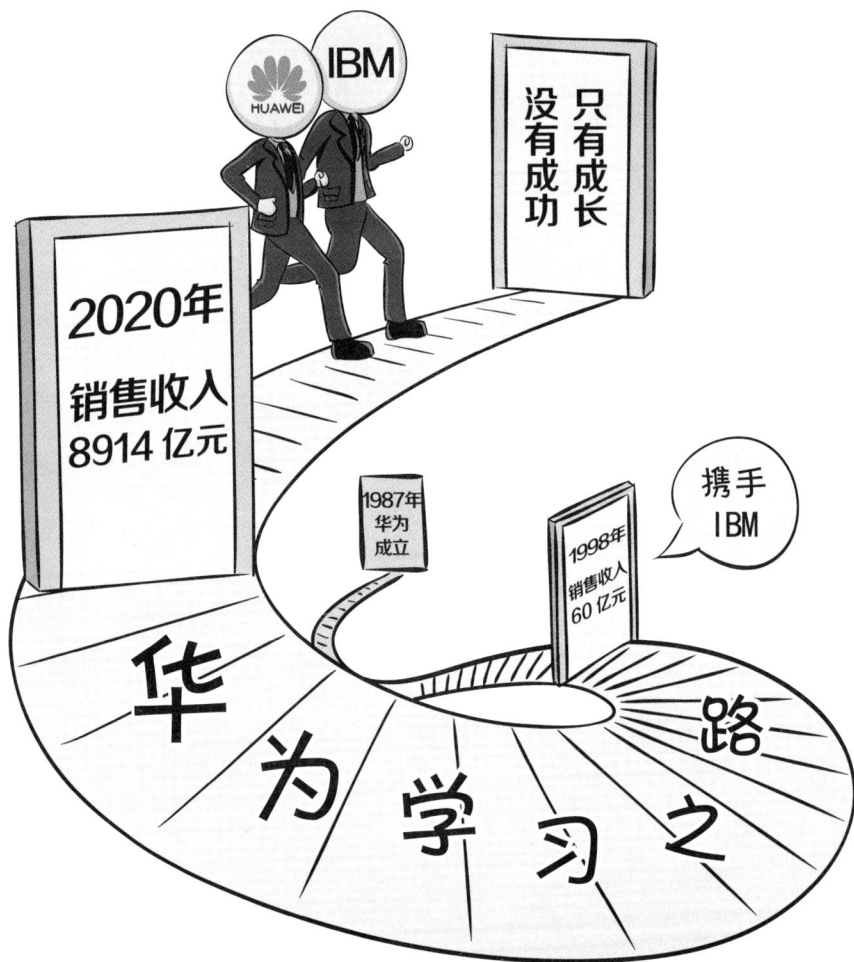

拜师IBM：
学习西方企业管理体系

漫画绘制：王碧华

拜师 IBM：学习西方企业管理体系

华为向西方企业系统性学习管理源于 1997 年圣诞节前后任正非赴美考察 IBM 等公司。这次美国之行让任正非对 IBM 这样的大型公司如何有效管理、如何对市场需求快速反应有了初步了解，对华为自身快速扩张引发的管理不善、效率低下、资源浪费等问题的严重性及未来的管理变革方向有了新的认识。从美国回来之后，华为内部曾自己尝试研发管理变革，但效果不理想。为了早日实现《华为基本法》第一条"成为世界级领先企业"的远大追求，在持续发展的过程中理顺华为内部管理，也为即将到来的更为白热化的全球市场竞争打好体系化基础，任正非拍板决定重金聘请 IBM 美国本土顾问帮助华为，不再自己瞎折腾。1998 年 8 月，华为拉开了向 IBM 学习西方管理体系的序幕。

此处请读者先了解以下三个问题。

- 华为为什么拜师 IBM？
- IBM 为什么愿意把华为收为"入室弟子"悉心传授？
- IBM 和华为这一对师徒如何启动长达 20 年的合作？

华为为什么拜师 IBM

我在《华为成长之路：影响华为的 22 个关键事件》一书"关键事件 9：拜师 IBM 学'爬树'"中对此做了详细解读，感兴趣的读者可以参考。在本书中，我结合近两年访谈华为前高管们的所得，再对精华内容进行补充说明。

20 世纪 20—80 年代是美国管理理论与管理实践的黄金时代，在这期间，几经历练的美国企业成为全球工商管理思想的理想实验室，创办于 1911 年的 IBM 便是其中的杰出代表。IBM 的研发投入曾经长期占年销售收入 20% 左右，其从事研发的员工数量曾经长期稳居世界第一，IBM 诞生过多位诺贝尔奖获得者，引领着全球的科技趋势。华为之所以选择拜师 IBM，邀请后者担任华为管理变革的总设计师，除了 IBM 是当时世界上最优秀的公司之一这个基础原因，还有以下三个方面的考虑。

第一，华为和 IBM 之间的竞争性不是很强，但互补性很强，合作对于两家公司都有意义，而且二者价值观相通，在使命追求上具有一致性。在利益驱动、价值匹配的双重驱动下，两家公司交流越来越紧密，这也使华为有条件、有可能向 IBM 学习优秀的管理方法。

第二，1993 年 4 月走马上任的传奇 CEO 郭士纳赋予了 IBM 新的协作方式：对内采用流程化的工作方式，对外坚定推行以客户为中心的理念。任正非对此非常认可，认为这非常适合当时中国企业的管理现状。

第三，IBM 经历过从辉煌到破产边缘再反弹走向辉煌的全过程，是一家自我革新、自我学习力超强的组织，用任正非的话说："IBM 是付出数十亿美元直接代价总结出来的，他们经历的痛苦是人类的宝贵财富。"这一点对于人到中年才创业、尝尽世间冷暖的华为当家人任正非来说很有吸引力——有故事的男人，欣赏有故事的公司。

IBM 为什么愿意把华为收为"入室弟子"悉心传授

1998 年上半年，华为与 IBM 接触交流时，表达了对 IBM 管理体系的浓厚兴趣。华为人询问的一些案例可能追溯到 100 多年前，甚至 200 年前。这让 IBM 内部有一个判断：中国当时对这类知识的需求应该很大，市场空间会很大。于是，IBM 选择把华为作为样板客户，收为"入室弟子"悉心传授。几年之后，IBM 顾问发现当初这个判断是大错特错，中国市场没有想象的那么大，当时只有华为等极少数企业才有这样的独特思维和追求，其他一些企业还是各行其是，继续赚快钱，没有决心把能力沉淀在组织之上。一些最终走得很长远的合作，往往并不是一开始就计划好的，常常是因一个"美丽的误读"而起——人们称之为"缘分"。

IBM 和华为这一对师徒如何启动长达 20 年的合作

IBM 收到华为的橄榄枝之后，经过内部讨论，安排常驻中国香港特别行政区的资深管理顾问陈青茹（Arleta Chen）作为项目经理接洽此事。在选择拜师 IBM 后，华为本来想直接从大型研发项目管理领域开始做咨询。陈青茹顾问到华为与孙亚芳董事长等几位高层探讨后，却向华为提出了另一个建议：先启动"IT 策略与规划"（IT S&P）项目，通过分析华为业务战略和市场竞争环境、发现业务存在的问题和变革需求、了解华为信息化现状，对照 IBM，找出支撑业务战略的管理和数字化能力差距、明确组织的 IT 定位和愿景，以此规划出未来 3~5 年需要开展的业务变革项目和 IT 项目。从陈青茹顾问的建议中也可以看出，一名真正优秀的咨询顾问，不会客户说什么就做什么，而是深入挖掘客户的真实需求。

华为采纳了陈青茹顾问的建议，于 1998 年 8 月启动了 IT 策略与规划项目。这其实是一个前导性咨询项目，原计划用 3 个月左右的时间结案，实际上却进行了 6 个月左右。项目金额也很小，启动初期仅 300 多万元，后来加了一个项目需求变更（Project Requirement Change，PRC）培训，项目金额超过 200 万元，两项加起来 500 万 ~600 万元。但是这个短周期、小金额咨询项目的成果，对华为第二个 10 年（1998—2018 年）向西方企业全面学习管理而言具有里程碑式的意义。这个项目最关键的成果是为华为规划了后续即将开展的若干个业务变革项目：

- 集成产品开发项目，1999 年 3 月启动，咨询公司为 IBM；
- 集成供应链项目（Integrated Supply Chain，ISC），1999 年 11 月启动，咨询公司为 IBM；
- 财务"四统一"项目（统一流程、统一制度、统一监控、统一编码），1998 年 9 月启动，咨询公司为毕马威；
- 海外财务合作项目（Overseas Financial Project，OFP），1999 年 12 月启动，咨询公司为普华永道；
- 系统集成中心项目（System Integration Center, SIC），2000 年 6 月启动，咨询公司为 IBM；

  ……

IPD：华为发展史上规模最大的学习行动

1999 年 3 月 1 日，华为与 IBM 联合启动的 IPD 咨询项目，持续数年时间，是华为有史以来投入人财物资源最多、规模最大、业务渗透最深、在业界影响力最深远的咨询项目。经过多方访谈核实，笔者得出了该咨询项目的里程碑事件（见图 1-1），供读者参考。

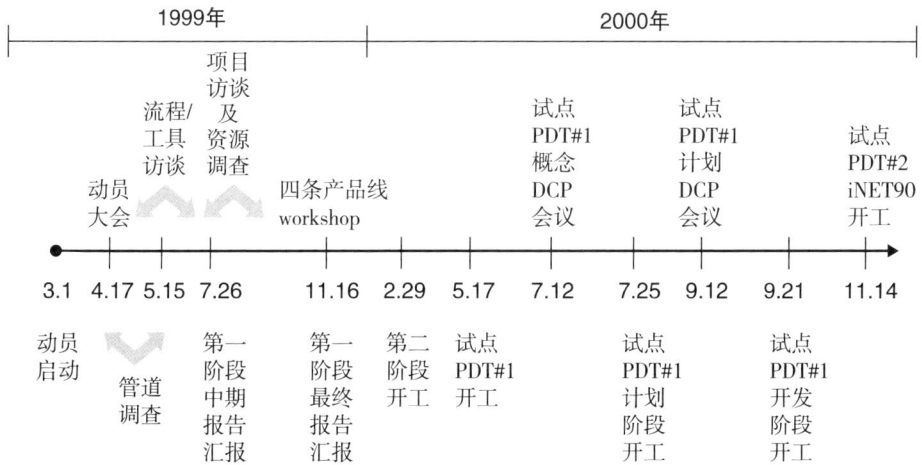

图 1-1　华为 IPD 咨询项目里程碑事件（1999—2000 年）

既然项目规模这么大，谈判过程一定很有故事。华为当年参加过该项目的一位管理者透露了如下故事细节。

1999 年年初，基于前期 IT 策略与规划项目的输出建议，华为决定聘请 IBM 为华为重塑研发管理体系，启动 IPD 咨询项目。在这位管理者的印象中，IBM 派来的谈判代表姓周，中国台湾人，项目进入报价阶段时，为了应对华为方面的砍价，他在预期成交价的基础上加了 20% 作为第一轮报价。因此，IBM 的报价是 4800 万美元，折合人民币约 5.6 亿元——相当于华为 1998 年一整年的利润。华为负责谈判的高管认为这一价格明显偏高，准备砍价，任正非反问："你负责砍价，你能负责承担项目风险吗？"面对 IBM 的报价，任正非只问了周一句话："你们有信心把项目做好吗？"周和团队到旁边会议室再次仔细合议后给出一个肯定的答案："能！"任正非当场拍板把项目合同金额定了下来。周事后向 IBM 的 CEO 郭士纳电话汇报："你还记得 1997 年年底在 IBM 总部接待过的华为创始人任正非吗？他请我们教产品研发管理，只问了一句我们有没有信心把项目做好，对我们给出的报价不砍价。"郭士纳听完后，说了一句话："好好教。"

以上这个故事仅来自那位管理者的口述，我确实没有在华为的官方文字史料中看到。出于对读者负责的态度，我在写作本书时特地向 1998 年华为 IT 策略与规划项目经理求证，他给出了如下答复："华为变革的合同基本上是人天计费模式的合同，所以具体的金额只能作为参考，因为最后是按顾问实际投入人天来收费的。5.6 亿元咨询费这个金额应该是个匡算数，故事大概是这样，华为没有怎么砍价确实是真的。"

在英国 BBC《华为是谁》的纪录片中，任正非在回忆当时和 IBM 的合作时说："每小时的顾问费是 680 美元，那时我的工资也就 5000 多元，但是为了明天，我们必须向人家学习，需要承认人家的价值，我们自始至终向西方学习，在学习进程中我们逐渐优化。"也就是说，IBM 每小时的顾问费超过任正非一个月的工资⊖，而且 IBM 派驻的顾问人数多达上百人。

结合那位高管的口述、1998 年华为 IT 策略与规划项目经理的答复及任正非本人的回忆，不难得出一个确切的结论：当时华为向 IBM 交的学费是"天价"，而且华为心甘情愿。这也非常符合任正非尊重知识的一贯风格，他曾多次对华为干部谈道："我们只有认真向这些大公司学习，才能使自己少走弯路，少交学费。IBM 的经验是付出数十亿美元的直接代价总结出来的，他们经历的痛苦是人类的宝贵财富。"

再回到 IPD，深入探讨一个问题：为什么华为把产品管理搞得如此兴师动众？答案在于两点：其一，华为的产品是长线产品，而不是短线产品；其二，华为的产品研发需要几千人、几万人同时协作，而不是三五个人进行分工。任正非在 1999 年 4 月 17 日 IPD 动员大会上的讲话中对此做出了清晰的解读，他说："第一点我们还是希望在技术上有所发展，成为一个很优秀的公司，而且我们所进入的产品领域是长线领域而不是短线领域。如果是短线产品则无所谓，几个人即可完成，IPD 也没有必要。就几个人说了算，什么文档也不需要，全记到脑子里即可。但是作为长线产品，这样做不行。第二点是要缩短产品开发周期，加强资源配置密度。资源配置密度就是有非常多的人同时作业，比如说几千人、几万人同时进行一个软件的编程，同时作业。

⊖ 按照 1998 年的汇率，680 美元折合人民币约 5624 元。

这个作业就和一个总参谋部在打仗一样，炮弹什么时候打，飞机什么时候出动，这是一个很复杂的综合作业，可不要把炮弹都打到自己的脑袋上，战争可不是这么打的。如果在这个大规模综合作业的过程中，没有良好的管理方法，那么不仅没有效率而且会浪费资源，浪费是以死亡为代价的。"

20多年过去了，IPD仍然在支撑华为超过10万人的产品研发团队进行大规模协作，只不过，华为人也一直在推动它迭代优化。2016年8月13日，任正非在IPD建设"蓝血十杰"暨优秀XDT颁奖大会的讲话中总结道："历经八年，研发IPD团队从2008年的3.2分提高到今天的3.6分，这0.4分是跨时代的进步。因为3.5分以下的IPD开发是相对封闭的，封闭在研发内部，没有与相关流程关联，这0.4分代表IPD与相关流程关联了，做到这样的突破，为公司'万里长城'的发展奠定了坚实的基石。"华为IPD版本已经从1999年的V1.0升级到2021年的V11.0，从华为实践中也可以看出，师父领进门，修行在个人，师父能教授的只是一个基本思考框架，徒弟后续能否持续进步要看徒弟自己的悟性和修炼。

最后，看一看IPD对华为的真正意义和长远影响。

在引入IPD之前，华为已经有贴近市场了解需求的动作，也有总体设计、概要设计、开发、验证等流程化的开发产品套路，这与当时中国众多企业的研发没有本质差别，而彼时华为对产品开发如何做到财务层面进行了实打实的考量，而如何实现产品与市场营销策略同步、产品与供应链贯通都尚不明确。这就是为什么华为反复强调IPD最本质的特点是以市场需求为产品开发的驱动力，将产品开发作为一项投资来管理。既然产品开发是企业的投资行为，就会直接决定企业未来的兴衰，那就不是"研发"单个部门的事情，而应该把研发、市场、财务、采购、制造、测试、技术支持等经营职能部门全部汇集进来。这才是任正非邀请 IBM 指导华为的真正意图，也正是以 IPD 项目的启动为标志，华为开展了跨全流程的业务变革工作，IPD 也成为华为史上规模最大的"管理变革"。

华为向 IBM 学习，经历以下四个阶段。

准备阶段：软启动阶段（Soft Start Phase），进行项目筹备和初步范围确定。

第一阶段：关注阶段（Focus Phase），进行现状问题调查和分析。

第二阶段：发明阶段（Invent Phase），进行差距分析和未来业务模型设计。

第三阶段：推行阶段（Launch Phase），在全公司范围推行。

和 IBM 合作过程中产生的方法论，被华为沉淀为"学习流程与方法"。这一方法在后续与麦肯锡、埃森哲、罗兰·贝格、德勤、安永、普华永道、毕马威、波士顿、合益、美世等一众西方咨询公司合作的过程中继续被应用，大大节约了华为与咨询顾问之间的沟通磨合成本。

书享界

华为向军队学习

"打胜仗始终是我们的信仰和责任，牺牲只是一种精神。华为员工不只是拥有奋斗精神，更要让这种精神在实际工作中体现出效率与效益。"

漫画绘制：王碧华

32

第2章
向军队学习：让打胜仗成为一种信仰

〔**本章导读**〕

效率，是军队的代名词，因为作战往往以生命为代价。管理，在组织中存在的意义是什么？也是效率！任正非在创办华为之前，在军队中工作生活了10年（1974—1983年），军队对效率的追求在他内心烙下了深深的印记。当大部分企业还在讨论"公平、公正"的问题时，华为的价值分配理念早已从"效率优先，兼顾公平"走向"效率优先，就是公平"。

本章将系统解析华为为什么向军队学习，尤其是为什么向美军学习？为什么任正非认为美军是世界上最好的"公司"？华为如何灵活应用从美军学来的各种领先理念，在做到"全营一杆枪"的同时，又做到支持"一线呼唤炮火"？美军"铁三角"和华为"铁三角"有何异同？为什么中国人民解放军国防大学战略研究所所长、军事专家金一南将军成为任正非的座上宾？……

学习美军：
用优秀军事思想为组织变革"松土"

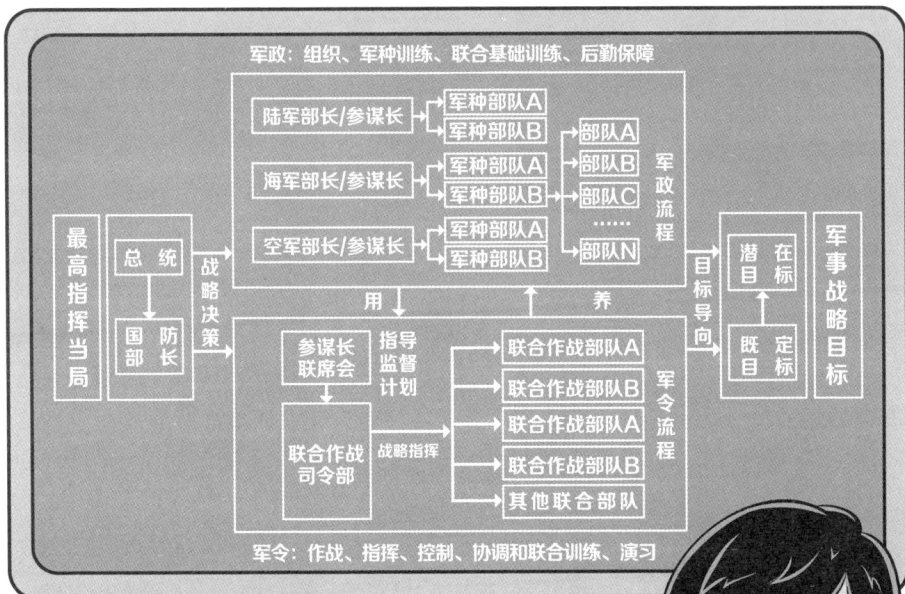

漫画绘制：王碧华

学习美军：用优秀军事思想为组织变革"松土"

华为内部管理词汇中有很多军事化语言，比如构建"铁三角""重装旅""战略预备队""片联""合成营""煤炭军团"等新型组织，坚决不在非战略机会点上消耗战略竞争力量，聚焦目标，坚定信念，呼吁把指挥所建在听得见炮声的地方，支持"一线呼唤炮火"，应对瞬息万变的市场环境。尤其是 2009 年以来，华为内部更是掀起向美军学习的热潮。

为什么华为在 2009 年之后学习美军？因为此时，华为的组织明显出现僵化、总部机关指挥一线效率低下等情况。从某种意义上讲，这是华为学习 IBM 产生的副作用——把 IBM 的组织僵化弊端也一并学了过来。因此，此时的华为需要借鉴美国军改的思想，对组织的权力体系进行重构。

在这期间，华为人需要回答一个问题：谁来呼唤炮火？1991 年之后，美军久未遭遇过大的挑战，组织变得越来越臃肿，效率越来越低。因此，从 2001 年开始，美国政府启动了长达 10 年的军改，核心思路就是向一线放权，让听得见炮声的人呼唤炮火，最终取得了卓越的改革成效。这一点令任正非感触颇多，于是华为内部掀起了向美军学习的热潮，系统性地对标美军的组织、流程、干部训战、授权体系等，以便打赢面向未来的商业战。

任正非认为，美军是世界上最好的"公司"。他多次在华为呼吁从组织、作战装备、人才晋升、干部考核、授权行权等方面学习美军。

但毕竟美军是一个军事组织，华为在学习它时条件受限，无法像学习西方企业一样通过付费全面、近距离地向美军学习。这时，华为战略规划部门专家前来补位，采用"曲线学习"策略：收集美国国防部网站上的公开信息，收集西点军校网站上的公开信息，邀请金一南将军三次到华为授课，读《五角大楼之脑》以了解美国国防高级研究计划局的决策思维……在这个过程中，华为公司高级顾问田涛等管理学家给任正非提供了不少灵感和帮助，任正非在后续的内部讲话、总裁办电子邮件、大型会议活动中陆续运用美军的领先思想，为华为组织变革持续"松土"。

学习"铁三角"：把指挥所建在听得见炮声的地方

我在作品《华为管理之道：任正非的 36 个管理高频词》中较为详细地解读了华为如何通过去除"不拉马的士兵"，把指挥所建在听得见炮声的地方，授权"一线呼唤炮火"，以及通过"少将连长"田忌赛马策略打赢新战争，感兴趣的读者可参阅。基于以上基础，我在本书中对业界广为流传的华为"铁三角"做详细解读。

"铁三角"不是华为发明的，而是华为从美军学来的。2006 年，华为受美军"铁三角"启发，启动探索华为市场体系"铁三角"。这源于华为在海外市场的一次项目失利：2006 年，在投标外国的一个移动通信网络项目时，华为投入巨大，但一线和深圳总部之间的协作明显脱节。在一次客户召集的技术分析会上，华为去了 10 多个人，每个人都代表自己所在的部门向客户解释各自领域的问题。客户首席技术官很恼火，"我们要的不是一张数通网，不是一张核心网，更不是一张交钥匙的工程网，我们要的是一张可运营的电信网"。最后，面对仅有一个的竞争对手，华为竟然惨遭出局，输得一败涂地。

之后，华为在当地的代表处召集复盘会以反思为什么输得这么惨。在复盘会上，项目组的成员认为过程中存在以下问题：

- 每个人只关心自己负责的领域，导致解决方案不能完全满足客户要求；

· 被动响应，而不是主动了解客户的需求，难以深入理解客户的需求；

· 部门之间各自为政、沟通不畅、信息不共享，各部门对客户的承诺不一致；

· 客户接口涉及多个部门的人员，对客户来说太复杂；

· 一线代表处花了 2/3 的精力与深圳总部及片区沟通，只有 1/3 的精力用于分析客户需求和竞争对手，用于作战的时间太少……

复盘后，痛定思痛，参照美军"铁三角"，华为当地的代表处以客户经理、解决方案经理、交付服务经理为核心组建了新型项目管理团队，形成面向客户的以项目为中心的一线作战单元，以求准确、全面理解客户需求，这就是华为"铁三角"模型的原型。之后经过苦练，磨合 3 年，在 2009 年，华为团队成功拿下该国全国 G 网最大项目，靠"铁三角"模式实现了绝地翻盘。

尽管华为"铁三角"很传奇，但学习"铁三角"时，一定要注意一个前提——后端大平台。华为为了打造专业化的后台，在深圳总部和片区层面构建了强大的技术研发平台、市场营销平台、法务平台、财务融资平台、"重装旅""战略预备队"等，为前端"铁三角"组织提供了强有力的支持。如果只构建"铁三角"组织，没有构建后端大平台，那么前端呼唤炮火时将得不到后方的响应，只能"牺牲"前端的"将士"。

学习军事人物：责任、使命、担当

华为经常奖励员工，但华为在重要奖项命名上没有以"华为"冠名，而是以为推动人类文明进步做出卓越贡献的人物，尤其是军事人物命名。

例如，华为挖掘未来将星的奖项被命名为"蒙哥马利计划"，其目的就是打通上升通道，不过分强调资历，而是实事求是地根据责任结果，让一些优秀的基层员工得到快速晋升，让好苗子不在等待中枯萎，及时给他们提供更多机会、更有挑战性的工作。2018 年 3 月 29 日，华为的经营管理团队（Executive Management Team，EMT）召开办公会议讨论决定进一步推进"蒙哥马利计划"，在每月例行召开的 EMT 办公会议上为华为员工提供 20 分钟的发言时间，鼓励员工向包括任正非在内的公司董事会成员分享自己的工作成就与心得。每期 2 名员工，每人可分享 10 分钟。公司所有员工都可通过指定邮箱申请成为"20 分钟分享者"，无须层层审批，唯一的要求是员工要客观展示自己的工作成绩，不空谈尚未发生的事，不转述听别人说的事。"蒙哥马利计划"给了每一位基层员工一个"怀才得遇"的机会。2017 年，华为通过"蒙哥马利计划"破格提拔了 4500 人左右；2018 年，华为破格提拔了 6000 人左右。

历史上的"蒙哥马利"是谁？他是英国陆军元帅，第二次世界大战期间盟军最杰出的将领之一，因打败"沙漠之狐"隆美尔成名，他所指挥过的诺曼底登陆、阿拉曼战役、西西里登陆为其军事生涯的三大杰作。他因为成功掩护敦刻尔克大撤退而得到火线晋升，这一点符合任正非对华为未来将星的期望。

再举个例子，华为管理体系最高奖被命名为"蓝血十杰"奖，表彰对华为管理体系建设和完善做出突出贡献的、创造出重大价值的优秀管理人才。"蓝血十杰"的原型是第二次世界大战时期美国陆军航空队统计部的 10 位技术将官，他们退役后加入福特公司，掀起了一场以数据分析、市场导向、效率提升为特征的全方位管理变革，这场变革使福特公司摆脱了老福特经验管理的禁锢，重视数字决策，摆脱了老式的生产方式，再现当年的辉煌，也推动了美国历史上最惊人的经济成长，帮助美国迅速成长为世界工业强国，开创了全球现代企业科学管理的先河。

除了奖项，华为在文化建设上也遵从同样的逻辑。很多公司发展壮大到一定规模之后，都会有自己的"司歌"，但华为成立 30 余年来一直没有自己的"司歌"。取而代之的是，在华为每年的干部大会或重要大型内部会议开幕式上，任正非与全体干部都会起立，齐唱一首《中国男儿》。这是一首有 100 多年历史的经典歌曲，曲调节奏鲜明，气势昂扬又朗朗上口；华为期待借此激发干部的责任、使命和担当。

学习军事人物：
重塑队伍的灵魂与血性

"这是我听过的水平最高的讲座之一。"

漫画绘制：王碧华

专家请进来：金一南将军的三次华为讲座

在华为创立后的 30 余年间，业界很多专家学者都曾被邀请到华为讲课，如果从对华为人产生的影响力角度来评价，首屈一指的当属金一南将军。他三次受任正非之邀到华为讲课，任正非每一次都全程听完，并给予了高度评价。

2015 年 6 月 10 日，任正非签发华为总裁办电子邮件，全文转载金一南将军的文章《美军还能打仗吗？》，要求全体华为员工学习，任正非特地为此写了一个按语："军人的责任是胜利，牺牲只是一种精神。华为的员工不只是拥有奋斗精神，更要把这种奉献落实到脚踏实地的学习与技能提升上，在实际工作中体现出效率与效益。"因为这篇文章，金一南将军的名字为华为广大干部和员工所熟知，这也为后续任正非邀请金一南将军到华为授课营造了氛围。

2015 年 9 月 29 日，任正非第一次邀请金一南将军到华为深圳坂田基地讲授《关于队伍的灵魂与血性》，全球各地至少有 8000 名华为人同步在线观看。在这次讲座中，金一南将军聚焦一个研究对象：美军。他向华为人重申了华为人之前学习的那篇文章《美军还能打仗吗？》的一个重要观点：军人之于国家的意义是能打胜仗，牺牲是军人的最高付出，但不是军人的最大奉献。这个观点呈现了美国人的理念，即战争管理要走在国家管理、社会管理之前。

美国人就是在军校培养未来的领导者，只有先领导战争，才能有效领导国家。西点陆军军官学校、安纳波利斯海军军官学校、科罗拉多空军军官学校等美国多所顶级军校都不只以培养军人为目标。美军以作战为核心，这包括大力塑造备战环境、一切保证朝前配置、军事理论不拘一格、十分注意研究失败、以法律保障军人进退……任正非在现场全程听完讲座后向金一南将军敬军礼，并高度评价"这是我听过的水平最高的讲座之一"。此次讲座两个月之后，任正非再次签发华为总裁办电子邮件，要求全司员工学习金一南将军文章《胜利的刀锋——论军人的灵魂与血性》。

2016年1月16日，金一南将军再次来到华为，在2016年市场部大会上为上千名华为中高级干部讲授《关于将军的产生——对指挥、统帅和决胜的思考》。继上次系统解析美军之后，在这次授课过程中，金一南将军重点解读了英国、俄罗斯等强国军队训练将军的方法，引用了美国军事学者贝文·亚历山大的话："对高明将帅如何决胜的理解，是从认识平庸将帅们何以不胜开始的。"战败是军事教育的重要主线——不是学习如何从胜利走向胜利，而是如何从失败走向胜利。只有知道其他将军是怎么翻船的，才有可能成长为合格的将军。军人最重要的是经历，而不是学历。另外，金一南将军在演讲的结尾再次勉励华为人：世界上没有一样东西可以取代毅力，只有毅力和决心才能使人真正具有价值。

2016年9月22日，金一南将军第三次来到华为，这次授课的主题是"领袖是怎样炼成的"。金一南将军在这次讲座中讲述了一个观点：若失去了内心的光明，黑暗将何等之大。反之，内心有一盏灯，世界哪里有暗夜？

综上，对于一个强竞争环境下的组织，尽管作战技术和设备很重要，但精神力量更重要，它贯穿于一个组织的全生命周期。正如金一南将军在其著作《心胜》中道出的那句话："战胜对手有两次，第一次在内心中。"如今再回头看2019—2020年华为被美国列入实体清单的非常时刻，正是这种力量，让华为人像石榴籽一样紧紧抱在一起，渡过一道天大的难关。

华为"全营一杆枪"：
力出一孔，聚力打下飞机

書享界

《亮剑》

《绝密543》

《莫斯科保卫战》

漫画绘制：王碧华

45

集体观看军事影视作品：全营一杆枪，就是要打下飞机

除了邀请军事专家做讲座，观看军事影视作品也是华为向军队学习的主要渠道。

2005 年，电视剧《亮剑》播出后，任正非多次向华为人推荐这部连续剧，并在华为员工上下班的班车上播放。任正非并非把观看军事影视作品当成娱乐，而把它当作达成华为管理共识的载体，因此在作品播出若干年后还会经常反复提起。比如，在《亮剑》播出十多年之后的 2018 年 7 月 6 日，任正非对华为总干部部及人力资源部相关主管说："人力资源体系和干部体系都是支撑机构不是权力机构，从权力中心变成服务中心。谁是最好的 HR 呢？赵刚，李云龙的助手，他和李云龙配合得很好，学明白了战争，最后升得比李云龙还快。政治部主任也要会打仗，要是不会打仗，你怎么为军队服务？"

在 2018 年第四季度华为工作会议上，任正非又一次提到《亮剑》，他说："我们的干部选拔要以《亮剑》中的李云龙、赵刚为标杆。各级主官均要从'主战部队'中的'主战人员'中选拔，要有战功、有持续贡献能力、有自我约束的本事。直至以后的轮值董事长、接班人，也均从主战人员中成长起来。我们不是上市公司，上市公司关心财务报表，因此有 CFO 接班的可能，但我们公司不会。担负保障和协调任务的干部走"赵刚"路线，和平时期多担责，

战时司令员说了算。在管理中也是如此，主官有垂直到底的管理协调权。支持进行保障与协调的干部用纬线的协调机制，确保实现主官的意志。"

2008 年 2 月，任正非在出差埃及的飞机上看了电影《莫斯科保卫战》，在与华为埃及代表处员工讲话时，任正非大力推荐了这部电影。

任正非在 2008 年这个时间点推荐《莫斯科保卫战》，是因为当时华为公司正在把权力下沉到一线代表处，主张把指挥所建立在听得见炮声的地方，而恰好这部电影符合"让听得见炮声的人呼唤炮火"的价值理念。读者要理解，企业是一个营利性组织，有非常强的功利意图。企业做大后，其领导者推荐什么书籍或影视作品，就不再凭借个人喜好，而是以服务组织意图为主。

2017 年，军旅战争电视剧《绝密 543》播出，该剧以 1959 年 RB-57D 侦察机、1962 年 U-2 侦察机被中国人民解放军击落为历史背景，讲述我军组建地对空导弹部队"英雄二营"保护领空的故事。独具个性的二营营长肖占武，带领手下性格各异的战士，克服资源、技术、人员、作战条件等方面的重重困难，形成"全营一杆枪"的协同效应，击落来犯敌机，开创了世界防空史上用地对空导弹击落高空侦察机的先河。任正非向华为人推荐了这部电视剧，剧中的"全营一杆枪"迅速成为华为内部的流行语。

2018 年，任正非在华为产品与解决方案、2012 实验室管理团队座谈会上谈道："未来是赢家通吃的时代，我们对主航道的所有产业要有远大理想，要么不做，要么就做到全球第一。为此，我们要打造一支胸怀梦想、充满活力、团结奋进的研发队伍，团结一切可以团结的力量，'全营一杆枪'，持续构建最具竞争力的产品和解决方案。'全营一杆枪'的目的就是打下飞机。对公司来说，只有商业成功，才能说明市场销售与服务好，才能说明产品有竞争力，也才能说明技术领先。只有从 2012 实验室到产品解决方案、从研发体系到市场体系都做到'全营一杆枪'，公司才能实现商业成功。我们不能各自孤芳自赏，不能将问题全部归咎于他人。'全营一杆枪'意味着我们要面向客户需求，构筑从机会到变现的端到端全流程解决方案能力。一个营的官兵必须凝聚为一个整体，聚焦一个目标，才能取得胜利。"

以上谈到的《亮剑》《莫斯科保卫战》《绝密 543》，只是任正非向华为人推荐的众多军事题材影视作品中的典型案例，其他案例不再一一列举，我相信读者可以感受到任正非推荐这些作品背后的逻辑：学习无处不在，让华为人看电影、电视剧不是为了娱乐，而是为了协同全球华为将士打赢当时那一仗。

延伸案例：第一次世界大战战场上的波斯猫

2010 年，我在华为大学①参加培训时，听到一个有意思的战争故事，我经常用这个故事提醒很多企业家：竞争对手的失误，也许就是炮火发射的最佳指引。在此，我也与读者分享一下这个故事。

1917 年，第一次世界大战后期，德国军队和法国军队在战场上僵持不下。双方驻扎修营，为了不让对方知道指挥部的所在地，它们都把指挥部建立在地下，双方都不知道对方指挥部的确切位置。

德军的参谋弗克吉尔每天都习惯性地爬上山头观察敌军的动向，企图找到敌军藏身的蛛丝马迹。有一天，弗克吉尔从望远镜中发现对面有一个山头上竟然趴着一只可爱的波斯猫，懒洋洋地晒着太阳，而且之后连续几天都是这样，它在每天早上 8 点到 9 点之间出现在同一个地点。

德国人一向以逻辑严谨著称，弗克吉尔分析：波斯猫是名贵宠物，普通人养不起，其主人应该是富贵之人，但周围没有村庄，其主人极可能是法国军队的高级军官，既然波斯猫每天有规律地出现在那个山头上，那么该山头的地下极有可能就是法军指挥部。

---

① 2020 年 10 月，华为大学被拆分为培训部和战略预备队两个组织。

弗克吉尔兴奋地把他的结论和分析依据上报给德军指挥部，指挥部经过讨论认为这个推论很可靠，于是迅速调集 6 个炮兵营合计 300 门重炮向波斯猫出现的那个山头附近展开了疯狂的轰炸。结果证明，德军的判断是对的，法军的指挥部就在此地。在疯狂的炮火攻击之下，法军指挥部被迅速消灭，战争格局发生逆转。

谁会想到，一只波斯猫加速了"一战"的结束。商场如战场，在激烈的市场竞争中企业要时刻对竞争态势的蛛丝马迹保持敏感，竞争对手的失误也许就是炮火发射的最佳指引。

书享界

华为向市场学习

利益平衡

后有追兵

市场竞争

前有埋伏

无人区

社会责任

地缘政治

员工成长

客户高要求

漫画绘制：王碧华

51

第 3 章

向市场学习：唯有惶者才能生存

〔本章导读〕 | 2000 年，任正非与合益咨询公司顾问交流时，谈到如下观点："一个人再没本事也可能活 60 年，但企业如果没能力，可能连 6 天也活不下去。企业每时每刻都要面对外部变幻莫测的环境和激烈的市场竞争，面对内部的复杂人际关系。企业要长期研究的问题是如何活下去，积极寻找活下去的理由和活下去的价值。"

企业能否活下去，不仅取决于企业自身主观上的求生欲，更取决于市场是否允许其存在，且后者是更为关键的客观要素。市场带来的挑战在于，我们看不见它，它是一只"看不见的手"，弥漫在空气中，无处不在；这既表现在企业与竞争对手之间的"厮杀"中，也表现在企业与客户之间的博弈中，还表现在企业"打粮食"（当期利益）与"增加土壤肥力"（长期利益）之间的平衡中。

尽管市场"脾气"不好，任正非却坚定地做出了自己的选择：把市场作为组织决策的唯一指挥棒，通过无依赖的市场压力传递，使内部机制永远处于激活状态。

当众生选择宽门时，任正非选择窄门，坚定地只做设备制造商，不与运营商客户争利，迫使华为人必须把产品做到性能最好、质量最高、成本最低、服务最优。

当很多企业完成原始积累，为偏安一隅而沾沾自喜时，华为选择"星光不问赶路人"。这并非华为人"假正经"，而是由市场的竞争态势所决定的——前有埋伏，后有追兵。活下去，也就同时成为华为奋斗的最低纲领和最高纲领。这注定是一场无限的游戏。

当人们在自己和竞争对手之间筑起一堵老死不相往来的高墙时，华为人把竞争对手称为"友商"——既竞争又合作，而且敲锣打鼓、诚心诚意地向竞争对手学习，这能不让竞争对手忌惮吗？

华为活力之源：
聚焦主业，坚持无依赖的市场压力传递

《华为基本法》

【第一条】华为的追求是在电子信息领域实现顾客的梦想，并依靠点点滴滴、锲而不舍的艰苦追求，使我们成为世界级领先企业。

为了使华为成为世界一流的设备供应商，我们将永不进入信息服务业。通过无依赖的市场压力传递，使内部机制永远处于激活状态。

大众的选择

华为的选择

漫画绘制：王碧华

把市场作为决策的指挥棒：以市场竞争压力的传递持续激活组织

任正非把市场作为决策的指挥棒，通过市场竞争压力的传递持续激活组织。这种意图在《华为基本法》中体现得淋漓尽致。

我相信，很多人在第一次读《华为基本法》时，都会被第一条镇住。

【第一条】华为的追求是在电子信息领域实现顾客的梦想，并依靠点点滴滴、锲而不舍的艰苦追求，使我们成为世界级领先企业。为了使华为成为世界一流的设备供应商，我们将永不进入信息服务业。通过无依赖的市场压力传递，使内部机制永远处于激活状态。

世界瞬息万变，为什么任正非坚持给华为人设限，把"我们将永不进入信息服务业"这样绝对的语句放在第一条？《华为人》报创办人兼首任主编周学军回忆当时的场景道："我依稀记得在讨论《华为基本法》这一段文字时，有位重要的研发副总裁提出了异议，说不应该写得这样绝对。他说这样绝对地要求自己很容易捆住自己的手脚。很多人也这样认为。虽然会上发言的人不多，但大部分人的神情分明表现出对老板说得这么极端的不解，担心这会影响华为今后抓住发展的机会点。任正非听完后（应该还没等那位副总裁把话说完）挽了挽袖子，身板坐直，胳膊肘抵着桌子，坚定地说（我已记不得原话，但那说话的语气和样子至今还留在我的脑海中）'华为就是要抛弃任何幻想、退路，明白地告诉运营商，我们永远是为他们服务的，我们不会和他们争发展机会。我们不能心存侥幸，必须让每一个华为人直接承受市场的压力，明白如果产品和解决方案不能帮助客户成功，我们就只有死路一条……'"

任正非不是口头说说而已，他就是这样做的。在《华为基本法》起草的早期（1996年），有一位企业家意识到，在不久的将来，通信运营商牌照将是一项稀缺资源，于是低价在世界各国向政府购买了很多张通信运营商牌照，但由于没有在全球范围建设通信网络的能力，于是向华为抛出橄榄枝，邀请华为一起联合运营。业界把这种做法称为"电信私营化"。我相信，大部分人经受不住这样的诱惑，从电信设备制造商走向通信运营商，从生产劳作模式走向收租模式，赚钱模式不可同日而语。但是，任正非明确拒绝了这个"躺赢"机会，他坚决认为：华为只卖设备不卖服务！这让那位企业家错愕不已。

1998年3月26日，任正非在《华为基本法》正式审定会上讲话，再次公开谈到，华为在面临电信私营化机会的诱惑时，要始终守住自己的底线，坚决不与客户争利：

我们决心永不进入信息服务业，把自己的目标定位成一个设备供应商，就是要破釜沉舟，把危机意识和压力传递给每一个员工。通过无依赖的市场压力传递，使内部机制永远处于激活状态。进入信息服务业有什么坏处呢？自己运营的网络，卖自己的产品时内部就没有压力，对优良服务是企业生命的理解也会淡化，有问题也会推诿，这样必死无疑。我们在国外经常碰到参与电信私营化的机会，但我们都没有参加。当然，如果不参加，以后卖设备会比现在困难得多，这迫使我们把产品做到性能最好、质量最高、成本最低、服务最优，否则就很难销售出去。这是欲生先置于死地，这也许会把我们逼成一流的设备供应商。

很多人都会选择宽门，或者一开始选择窄门，但走着走着遇到诱惑就走进宽门。而华为始终选择窄门。任正非通过窄化华为人的生存空间，使自己在没有任何后路的市场环境中背水一战，除了胜利无它路可走，让打胜仗的思想成为一种信仰。

功夫不负有心人。2013 年，在《财富》世界 500 强排行榜中，华为以年营业收入 2390 亿元排名第 315 位，爱立信以年营业收入 2136 亿元排名第 333位。华为超越爱立信，成为全球排名第一的通信设备供应商，华为人用 15 年的时间实现了任正非的梦想。这，就是窄门的胜利。

华为危机意识：
星光不问赶路人，只缘身后有追兵

書享界

2018.12.1
孟晚舟事件

2019.5.16
被美国列入
实体清单

2020.5.15
美国第二次
极限施压

2020.8.17
美国第三次
极限施压

全球市场
环境的
不确定性

HUAWEI
永不言弃
进而有为

漫画绘制：王碧华

星光不问赶路人，只缘身后有追兵

有些行业可以慢慢做，比如日本或德国的一些"隐形冠军"，可以家族传承数百年，虽然规模不大，但是因为市场区域性很强，有区域壁垒，能传承很久。而有些行业则无法慢慢做，从成千上万家迅速合并成三五家只需要十年、八年甚至更短的时间，而且其市场是全球性的，无法按照区域市场的逻辑发展。华为所在的信息与通信行业（ICT）就是这样的行业——全球竞争最激烈、技术更新最快、管理水平要求最高的行业之一。

1994 年，任正非的一句话被很多人铭记，他说："10 年之后，世界通信行业三分天下，华为占其一。"很多人只将这理解为任正非"吹牛"的豪言壮语，实际上这句话背后还有更深一层的含义。信息与通信行业是一个迅速从分散到集中的行业，华为深知在这个行业中生存只有两种结果：第一种是成为行业的前三名，第二种是被市场无情地淘汰。任正非之所以说这句话，一方面是因为他准确地认识到市场的本质和发展趋势，另一方面是因为他有强烈的危机感和远大的抱负。

之后的市场发展完全验证了任正非的判断：仅仅十余年时间，全球通信设备市场的"七国八制"和中国本土通信设备市场"巨大中华"都发生了巨大的变化。加拿大北电网络、英国马可尼、中国巨龙通信等企业纷纷倒下，法国阿尔卡特和美国朗讯合并为阿朗，芬兰诺基亚和德国西门子的网络设备部门合并为诺西；之后阿朗与诺西的经营还是难以为继，于是继续合并，抱团成为新的"诺基亚网络"……这个行业的竞争太惨烈了！

从 2G 到 5G，通信行业的竞争越来越激烈，行业可容纳的玩家数量非常有限。企业一旦学习速度慢于竞争对手的学习速度，不要说守住当下的行业位置，就连能否继续在行业中生存下去都需要打一个大问号。

曾经有一位领导视察华为，问了孙亚芳⊖这样一个问题：华为这些年在国外很成功，你有什么感想？孙亚芳说了四个字：欲哭无泪。

任正非也曾多次谈到自己是因为幼稚才进入通信行业的。2008 年 6 月，在华为网络产品线奋斗大会上，任正非讲道："我确实是由于幼稚才进入通信行业的。当时认为，通信市场如此之大，以为我们做一点点总会有机会的。恰恰是凭借这种无知无畏的精神，我们才敢踩上这条'不归路'。走上这条路后，我们才知道通信市场的赛道如此狭窄，技术要求如此苛刻，竞争如此激烈。虽然通信市场的需求量巨大，但是客户很少，而这些采购量巨大的客户，要求之高是小公司难以满足的。通信产品的技术要求之所以如此苛刻，是因为电信网络是全程全网，任何一个细微的缺陷，就可能造成与全球数十亿用户无法准确连接；当时通信产品技术含量高、利润高，吸引了世界上大部分的大电子公司进入这个赛道进行竞争，实际上是寡头之间的竞争。"

⊖ 1999—2018 年担任华为公司董事长。

星光不问赶路人，只缘身后有追兵。正是行业的强竞争特性，倒逼着华为人不断拼命学习成长——没有时间缅怀过去的成功，只有持续地奔跑，才能勉强保持在行业中的领先地位。

活下去，是最低纲领，也是最高纲领

2020 年 3 月 25 日，任正非在接受《华尔街日报》的视频采访时说："我们公司本来也是散趴趴的公司，因为几十万人很难凝聚起来。战略部起草了公司的愿景和使命，'把数字世界带入每个人、每个家庭、每个组织，构建万物互联的智能世界'，希望统一员工的意志。其实华为员工也不一定都相信这些口号，也不一定都足够努力。但是环境一发生变化，所有员工都知道面临死亡，如果不努力，我们一定会死掉的，吓得每个人都很努力。基层太努力了，导致这个'车子'跑得太快，我总觉得要踩刹车，不能让他们跑得太快，否则会把这个公司拉断的。这样，基层很有干劲，高层很冷静，这就是胜利的基础。"

虽然任正非讲这段话时用了调侃的语气，却说出了一个道理：外部环境施加的生存压力，就是最好的学习动力。2019 年以来，美国对华为的极限施压达到"釜底抽薪"的程度。为了生存，华为必须在产品和技术平台方面去除对美国的依赖（华为人称为"去 A"），做了很多替代方案。但是，众所周知，信息产业的发源地在美国，底层技术协议、标准规范、核心零部件、工艺平台等都与美国有千丝万缕的关联，要完成替代是何等艰难！华为人把这个过程称为"补洞"。

2019 年 7 月 18 日，任正非接受了意大利媒体的群访，有记者提问："您常常把现在的华为比作伊尔 –2 战机，有很多洞需要补，现在补洞的情况如何？最先补哪些洞？您是否会转移一些投资的领域呢？"任正非回答："首先，这架飞机的照片是我偶然在网上看到的，我觉得很像我们公司，除了'心脏'还在跳动，身上千疮百孔。当时我们并不知道身上有多少洞，不确定哪些洞是最主要的。我们要优先去补 5G、光传送、核心网……这些系统的洞，这些洞已经基本补好了。今天统计下来，大概有 4300~4400 个洞，应该已经补好了 70%~80%，到年底时可能会补完 93% 的洞。一方面是补洞，另一方面是切换版本，这对今年的经营业绩会有一些影响。明年我们还会补少部分的洞，这些洞可能还会难补一些，可能明年我们的经营业绩还会因此受到影响。我们估计，到 2021 年公司会恢复增长。"

任正非是经过大风大浪之人，面向媒体讲话，有举重若轻之感，但实际行动起来对华为而言是非常艰辛的，毕竟技术平台和生态构建是长期积累的过程。由于众多合作伙伴忌惮向华为伸出援手会引火上身、遭到美国的施压，因此华为人在"补洞"过程中唯有依靠团队的自身学习，夜以继日地加班加点、与时间赛跑——为每一项堵塞点而群策群力攻关，为每一项突破而热烈欢呼，为每一次客户的理解和包容而感激。这是比二次创业艰难数倍的再出发，是在戴着镣铐跳舞，是穿越雷区的冒险行动。活下去，在过去是华为奋斗的最低纲领，如今成为华为奋斗的最高纲领。在这条路上，除了胜利，华为已经无路可走，唯有让打胜仗的思想成为一种信仰。

人生不过百年，不负韶华便无憾。这或许就是华为人永不言弃的原因。

经营追求：
成长最大化，而非利润最大化

书享界

5000年来，人总是要吃饭的，打粮食是永远没有止境的……

没有成功只有成长

漫画绘制：王碧华

64

成长最大化："打粮食"永无止境

　　《华为人》报创办人兼首任主编周学军贴身观察任正非十余年，他回忆了一个小故事，读者可以从中看出市场竞争在任正非心目中的地位。

　　在 20 世纪 90 年代末的一次华为高层发展战略会议上，任正非一开场就抛出一道考题："大家说说，华为这些年有什么经验教训？"高管们面面相觑，不知从何说起。一位高管心直口快地说："满足客户的需求是我们生存的唯一理由……"话还没说完，任正非就打断了他，大声地说："是增长、增长、增长！没有增长，华为早就垮掉了。明年我们还要大招人，销售额要翻番，至少要增长 80%……"

　　1998 年 3 月华为正式颁布的《华为基本法》明确要求，华为的发展必须高于行业平均增长速度和行业主要竞争对手的增长速度。任正非对此做过解释："公司必须保持合理的增长速度。首先，没有合理的增长速度，就没有足够的利润支撑企业的发展。其次，没有合理的增长速度，就没有足够的能力为员工提供发展机会，从而吸收更多企业所需的优秀人才。最后，没有合理的增长速度，就会落后于竞争对手，最终导致公司的死亡。"

　　华为将增长形象地比喻为"打粮食"。任正非认为，任何时候的考核都要把这个地方（部门或区域）的"粮食"是否增产作为第一指标。2014 年 6 月，华为举办首届"蓝血十杰"颁奖典礼。在提问环节，有一位员工向任正非提问："任总，您总是讲多打'粮食'，打到什么程度才是终点，大家才能休息一下？"任正非回答说："我不能想出一个目标。'粮食'是永远没有止境的。人总是要吃饭的。我们当然希望不要把自己搞没有了，这是我们的想法，不是客观存在。"

在过去很长的一段时间里，华为每年下达市场指标时，都以最大限度抢占市场份额为基础原则，即依据市场机会而非华为内部已有资源能力来确定市场目标。读者可以从华为市场业绩考核指标的构成看出该原则是如何体现的：既考核"绝对值"（销售额），又考核"纵向相对值"（增长率），同时还考核"横向相对值"（市场份额），另外附加一个关键考核指标——恶性竞争对手在同一个市场的份额不能增长，最好增长为零。

我以"纵向相对值"（增长率）为例做个解读。华为在销售收入过千亿元的规模体量下，在每年年底制定下一年的市场考核指标时，都有一个潜规则：各市场区域明年的订货目标，是在这个区域今年的目标和今年完成值之间取最大值，再在这个值的基础上上浮 25% 作为底线目标。比如某个市场区域团队今年年初的销售目标是 1 亿元，因为竞争对手对华为的遏制，该团队年底实际只完成 8000 万元，那么该团队明年的底线目标是 1 亿 ×（100% + 25%）=1.25 亿元，不会因为今年没完成任务而降低增长基数。如果某区域团队今年业绩完成得很好，本来年初定的目标是1亿元，但因偶遇客户网络建设的"大年"，以至于年底实际完成了 1.2 亿元，那么该区域团队明年的底线目标是 1.2 亿 ×（100% + 25%）=1.5 亿元，而且很可能在全球各个市场区域拉通审视时，发现公司整体目标的达成"缺数"，还让该区域承接更高的增长率。

因为任何企业的内部资源能力肯定是有限的，如果以资源能力来定目标，每年增长 20% 就已经非常高了，因为资源能力很难每年比上一年增长 20%。如此一来，企业怎么可能迎来大规模的增长？华为在 20 世纪 90 年代，每年以翻一番的增长率在增长；上述例子中的底线目标，也是在年度销售收入过千亿元的规模体量之下确定的——依然要求增长指标保持在 25% 以上。实现如此大规模的增长是因为华为自身的资源能力增长快吗？不是！是外部机会、市场竞争格局倒逼企业资源必须跟上，跌跌撞撞也得跟上，否则就会被淘汰。华为的很多市场体系人员，刚到公司培训半年，对自家产品也只能算是半生不熟，就被派去开局[⊖]，而且领导在送行时还会半开玩笑地说："如果这次开局没开成功，就不用回来了。"

华为研发人员也是如此。市场的压力无衰减地向后端传递，逼迫每一个华为人认真对待每一场战役。华为消费者 BG 的 CEO 余承东、手机产品线总裁何刚、荣耀手机总裁赵明等市场体系名将都曾经属于研发体系，为了让产品卖出去而走向市场前线，而且这不是个案，大量的华为干部都被市场的高压驱动着走向前线。有些读者可能会有疑问，这些技术背景的人员会不会出现没准备好的情况？没有人在上战场前一切准备就绪，永远没有准备好的时候，正如金一南将军的名言："战胜对手有两次，第一次在内心里，第二次在现实中，首先在内心战胜对手。"

⊖华为内部把通信项目交付工作称为"开局"。

就像毛坯房建好就得进入精装修一样，在增长速度方面领先于竞争对手之后，华为就开始狠抓人均效益等指标。1998年与IT行业全球巨头微软对标是1∶9，2001年是1∶5；之后华为还把爱立信、思科等竞争对手作为对标对象，2005年是1∶3。也就是说，与业界标杆相比，华为要用3个人才能干好别人1个人就能干好的工作。2013年以来，华为在人均效益方面取得长足进步，与全球主要竞争对手的差距缩小，甚至比一些对手做得还要好。

从华为员工为公司贡献的人均创收的纵向数据来看，人均效益不断提升的趋势显而易见：2016年华为员工为公司人均创收293万元，2017年335万元，2018年384万元，2019年443万元，2020年452万元。2016—2020年，短短5年时间，人均创收增长超过50%。这也说明华为的增长不是"虚胖"，不是靠搞人海战术，而是真的充分发挥了人的价值，发挥了管理的价值，增产的同时在增效，达到企业和员工的共赢状态，"3个人，拿4个人的工资，干5个人的活"。

在这个过程中，要特别感谢那些曾经比华为强大的竞争对手，因为它们的存在，任正非才得以把内部管理中永无休止的争论转移到它们身上，让华为人"珠玉在侧，觉我形秽"，从而放下争论，奋起直追，不知不觉地成为行业全球第一。有一位华为高管在谈到这个现象时说："其实我们都知道这是老板的'圈套'，但我们还没来得及犹豫，就已经被一股前拉后推的力量裹挟着往前飞奔，当加速度抵消摩擦力之后，就跑得越来越欢快；而前方传来已经攻克了某某高地的消息时，我们在产生成就感的同时，更佩服老板对人性的洞察。"

利润合理化：弱水三千，只取一瓢饮

世间万事万物都遵循能量守恒定理，增长不会凭空产生，而需要用资源置换——未来的增长是由当期的利润置换来的。《华为基本法》中有这样一句话："我们追求在一定利润率水平上的成长最大化。"对于成长最大化，本书前文已作解读。"一定利润率水平"是什么意思？就是设定利润上限和利润下限。设定利润下限容易理解，毕竟开门做生意，肯定不能长期干吃力不讨好的事情；但为什么还要设定利润上限？这就是任正非对短期利润追逐的克制，是华为长期主义价值观的体现。过分追求当前利润，就会出现杀鸡取卵的短视行为，就会牺牲未来的利润，导致利润的管道无法长期安全而平稳地运行，因此需要通过制度对此加以保障。

2009 年以来，华为长期坚持的经营管理理念是"深淘滩，低作堰"。这是2000 多年前战国时代李冰父子留下的治理都江堰的古训，被任正非活用到企业的经营管理中。我所著的作品《华为管理之道：任正非的36 个管理高频词》《华为成长之路：影响华为的 22 个关键事件》对华为如何运用这 6 个字做了详细的解读，感兴趣的读者可以参考。此处从利润合理化的角度，结合新案例对"低作堰"进行解读。

华为虽然不是上市公司，但坚持按上市公司的规范来治理公司，每年聘请独立审计师审计年度财务报表。华为于 2021 年 3 月 31 日发布的《华为投资控股有限公司 2020 年年度报告》中描述："审计师负责审计年度财务报表，根据会计准则和审计程序，评估财务报表是否真实和公允，对财务报表发表审计意见。审计范围和年度审计报告需由审计委员会审视。任何潜在的影响外部审计师客观性和独立性的关系或服务，都要与审计委员会讨论。此外，独立审计师还与审计委员会共同商讨审计中可能遇到的问题、困难及管理层的支持情况。自 2000 年起，华为聘用毕马威作为独立审计师。"为什么对自己这么狠？答案是以客户为中心。因为华为的客户是全球知名的通信运营商，对供应商的财务健康度要求很高，在每次招投标时都会提出查看华为过去几年财务数据等相关要求。自 2006 年以来，华为在每年第一季度会向社会公众公布上一年度的年报。因此，读者可以在华为公司官网查看 2006 年至今的每一年的华为年报。如果把年报按时间顺序放在一起，会发现一个有意思的现象：华为的净利润率很稳定，始终保持在 7%~10%（见表 3-1）。

表 3-1　华为 2012—2020 年净利润率

年份	净利润率
2012 年	7.1%
2013 年	8.8%
2014 年	9.7%
2015 年	9.3%
2016 年	7.1%
2017 年	7.9%
2018 年	8.2%
2019 年	7.3%
2020 年	7.3%

华为坚持把净利润率控制在一定水平（7%~10%），如果当年利润过高，就会把高于这个水平区间的钱作为战略资金，投入未来的发展，主要包括研发的投入、渠道建设的投入、管理变革的投入、战略预备队人力资源的训战、持股员工的股票分红收益等。华为用于未来发展的投入资金，都在分配前的利润中提前扣减。

比如研发的投入，华为坚持把年度销售收入的 10% 投入研发。2013 年成为电信设备制造商行业的全球领头羊之后，华为把这个比例增加到 15%，新增的 5% 主要投入更加前沿的基础研究。华为人很早就意识到：企业能力建设的本质是满足客户未来的需求，而不是满足客户当下的需求。企业当下对客户所做的承诺，其实是把未来卖到了现在。因此，企业能力建设必须面向未来，匹配未来客户的需求。华为的研发投入和市场需求要采用"错相发展"策略，二者至少相差 2 年。

再举一个渠道建设投入的例子。2014 年，华为的手机业务经过余承东近 3 年时间的重塑，有了较好的产品基础和品牌基础。公司年初预测该年度的净利润率将较高，就提出要在全国新增 2 万家终端门店的计划，开店的资金全部来自公司的战略投入。果不其然，2014 年 9 月 4 日华为"神机"Mate7 横空出世，一机难求，净利润率暴增。因为华为在年初制订计划时就提前把多余的利润投入终端门店的开设，所以在年底年报中，利润水平保持得非常平缓，没有出现陡增陡降的不可控状态。

五看三定："友商"为何能做到第一

很多企业喜欢低头做自己的事，没有养成研究行业第一怎么做的习惯。作为同行，其他企业能做到行业第一，应该已全面掌握该行业的基本规律和窍门，而且已经培育好市场，因此这些企业就是最好的老师。经验的浪费是最大的浪费，不管是自己的经验，还是竞争对手的经验，都不要浪费。因此，进入一个新行业，最重要的是研究对手的经验，包括客户群定位、产品形态、技术认证体系、定价策略、渠道政策、商务报价逻辑、运营模式……先套用，学会后再优化、再创新，这就是最直接、最有效的学习方式。

《论语》曰："见贤思齐焉，见不贤而内自省也。"华为在向竞争对手学习时，采用的主要方法是标杆超越法（Benchmark）。标杆超越法的定义是，将本企业经营的各方面状况和环节与竞争对手或行业内外一流的企业进行对照分析，并将外界的最佳做法移植到本企业的经营环节中的一种方法。

华为人在潜意识中始终把行业最优秀的竞争对手当作标杆来超越。一个具有增长型思维的企业，必须有这种感觉。这种感觉的养成，与IBM不断训练华为人的思维分不开。1998年，IBM开始担任华为管理变革总设计师，对华为经营管理的各个细分领域打分，比如在供应链能力上，IBM会为华为、戴尔、沃尔玛逐一打分。虽然在产品形态上华为与戴尔、沃尔玛差异很大，但在供应链能力方面是可以相互学习的。又如在产品能力上，华为新产品上线成功率需对标 IBM、思科的新产品上线成功率。通过对标，得出华为与标杆之间的差距，之后分解出未来 3 年的改进目标和每年的具体改进项。华为后来把这种对标学习例行化，每年年末做战略规划。在输出战略规划（SP）和商业计划（BP）的过程中，华为采用"五看三定"的常规动作："五看"是战略机会窗洞察、机会点洞察、环境与价值分析的统称，包括看行业 / 趋势、看市场 / 客户、看竞争对手、看自己、看机会；"三定"是战略制定、目标和策略的统称，包括定战略控制点、定目标、定策略。华为人始终抬头看路，让学习成为一种习惯。

当公司整体领先超越竞争对手之后，华为也不会停止学习，而会采用"分而化之，持续学习"策略：当公司成为行业第一后，不断细分业务，一直为团队寻找学习对象，使之始终学习所在细分领域的世界第一、行业第一。比如 2011 年之后，华为通信运营商业务排名全球第二，走向世界第一的路上，这时任正非把公司业务拆为三驾马车，分别对标学习。通信运营商业务对标爱立信，企业业务对标思科，消费者业务的高中低端产品则分别对标：定位于高端的华为手机对标三星、苹果，定位于中低端的荣耀手机对标 OPPO、VIVO、小米。为了避免竞争的敌对心理影响虔诚学习他人的心态，华为公司内部很少提"竞争对手"这个词，而把竞争对手称为"友商"（恶性竞争对手除外）。

细节之处见功力。为了学到竞争对手的精髓而非皮毛，华为对竞争对手的分析非常透彻。透彻到什么程度？比如在产品方面，华为对竞争对手产品的外观、尺寸大小、操作界面，有几个板卡，有几个数据接口，有几种切换模式，以及功能指标、性能指标、产品系列命名方式等都了如指掌。

产品体系如此，市场体系也是如此。2011年，华为业务从单核裂变为三核——运营商业务、企业业务、消费者业务并驾齐驱。众所周知，华为在运营商市场上采用直销方式，而在企业市场上普遍采用的是渠道分销方式。之所以采用这两种截然不同的交易模式，是因为华为过去没有成熟的渠道体系。不会游泳，就得找一位教练。恰好华为某西方主要竞争对手的一位中国区高管从原企业离职并加盟了华为。他进入华为最初两年的主要工作是给企业业务的管理者们授课，教授什么是渠道体系、怎么划分客户群、如何看企业市场……一场一场课程积累下来，大家从一开始连NA⊖都不知道，到后来理解了运营商市场只是三百六十行的其中一行而已，企业市场的客户数量远远大于运营商市场的客户数量，因此必须建立NA体系，否则华为有再多的资源也难以应对这些企业市场客户。之后，华为把企业市场的行业和客户分为战略NA、核心NA、一般NA客户、Non-NA（一般客户）等几类，分类的依据包括该行业在信息与通信技术的投资预期、竞争态势、华为自身的能力匹配度等。华为通过在市场侧不断收窄刀口，从过去关注水平方向的产品技术转向关注垂直方向的行业解决方案，深入研究战略NA和核心NA的需求满足，慢慢地摸索到了该市场的门道。

⊖ Named Account 的缩写，翻译成中文是"价值客户"。

74

向 OPPO 和 VIVO 学习

　　2016 年 9 月，英国《金融时报》中文网专栏作家周掌柜写了一篇文章 "OPPO 和 VIVO 的'人民战争'"，文章主要分析了中国手机厂商 OPPO 和 VIVO 在 2016 年崛起的原因。文章开篇写道："OPPO 和 VIVO 在 2016 年这一年时间内从默默无闻到迅速崛起，OV 阵营^一分别以 5.6% 和 4.7% 的市场占有率分列第四、第六，二者总体全球销量累计超过华为，达 9.2%，仅次于三星（24.5%）与苹果（15.1%）；而在中国国内手机市场排行榜中，OPPO 和 VIVO 则分别以 12.7% 和 10.6% 的市场占有率位列第二、第三，累计超过了市场占有率第一的华为（20.8%）。中国手机市场格局再次被改写。"

　　这篇文章被华为员工转到内部论坛"心声社区"后，迅速引发热烈的讨论。很多华为人在留言区回帖，探讨华为手机是否应该借鉴 OPPO 和 VIVO 在市场分层的战略区隔，是否应该采用更加社会化的营销方式，是否应该跳出原有的通信基因思维而彻底拥抱消费电子，作者是不是在明抬 OV、暗贬华为，等等。

　　华为消费者 BG 的当家人余承东对此发表了自己的观点，他认为周掌柜

---

　　^一OPPO 和 VIVO 有一个共同的幕后老板段永平，因此业界将 OPPO 和 VIVO 合称为 OV 阵营。

的文章分析得很中肯，OV 阵营在社会化营销和市场下沉方面确实优于当时的华为，于是号召华为终端公司的全体成员向 OPPO 和 VIVO 学习，要求全体管理者认真学习这篇文章，输出个人学习心得和改进计划，并落实到业务的改进上。

不久，这件事引起了任正非的注意，任正非为此专门批示："终端太伟大了。向一切优秀的人学习，真正敢批评自己的人，已经是伟大的人了。不管你真谦虚还是假谦虚，我真心地说你们伟大，你们是我们的希望，希望寄托在你们身上。世界一定是你们的。"

任正非为何对余承东这一举动的评价如此之高？有几个数据值得了解：2016 年，华为年营收 5216 亿元，其中余承东所负责的消费者 BG 营收 1798 亿元，华为员工 17.6 万人；OPPO 当年的营收约 500 亿元，员工约 4000 人[⊖]；VIVO 当年的体量比 OPPO 略小，年营收约 400 亿元，员工约 3000 人[⊜]。华为向一个无论是销售收入还是员工规模都比自己小得多的竞争对手诚心诚意地学习，而且业务最高领导者和公司老板都用行动来表态和支持这样的学习，这就是竞争对手敬畏华为的原因——业务有领先、落后之别，在学习上没有高下之分，任何企业的闪光点，都是华为学习的榜样，而且华为会敲锣打鼓地向这些企业学习，从一开始就是奔着超越而来的。

经常浏览余承东微博的读者应该记得，2017 年元旦，余承东亲自去门店

⊖ 一线门店约 6000 人，其属于 OPPO 经销商员工。

⊜ 一线门店约 5000 人，其属于 VIVO 经销商员工。

站柜台，向 OPPO 和 VIVO 学习如何提升消费者体验的满意度。领导者以身作则，近距离地接触客户，体验竞争对手的服务，学习别人的强项，才能持续进步。

有意思的是，在创作《华为学习之法》的最后阶段，我们与周掌柜探讨过华为的这段往事，他补充了此事的"续集"，写了"OPPO 和 VIVO 的'人民战争'"一文，此文爆红之后，任正非亲自安排华为大学和周掌柜合作，先后邀请他去欧洲、东南亚等近 30 个国家和地区调研手机市场，他也被华为消费者 BG 高薪聘请为战略顾问；而华为消费者 BG 的两个核心战略——"人民战争"渠道战略和全场景生态战略，都在不同程度上受到周掌柜观点的影响，最终华为手机用 3~5 年的时间改变了全球手机市场的格局。不得不说，这与华为虚心开放的学习态度有关，还是任正非的那句话总结得到位："华为，没有成功，只有成长。"

华为EMT：用一次顺丰快递，吃一次海底捞

　　顺丰快递和海底捞主要面对 C 端客户（消费者客户），是各自赛道毫无争议的领航者。正所谓"金杯银杯不如客户口碑"，业界流传着其众多传奇故事。比如，在城市工作的年轻人在邮寄身份证、户口簿、结婚证等重要证件时，几乎一致选择顺丰快递。有一位海底捞的客户发帖点赞："海底捞的服务很'变态'。在这里候位时，有人给你擦皮鞋、修指甲，还提供水果拼盘和饮料，还能上网、打扑克、下象棋，全都免费啊！吃火锅的时候眼镜容易有雾气，他们给你绒布，头发长的女生，他们就给你猴筋套，还是粉色的；手机放在桌上，吃火锅的时候容易弄脏，他们还给你专门包手机的塑料套。我第二次去，服务员就能叫出我的名字，第三次去就知道我喜欢吃什么。服务员看出我感冒了，竟然悄悄跑去给我买药。感觉像在家里一样……人类已经不能阻止海底捞了。"

　　2012 年，华为向消费者业务转型，集结"重兵"进入智能手机赛道，其中提升服务和客户体验的做法与之前有很大差别，华为必须抬头学习那些标杆企业。百闻不如一见，2012 年 12 月 28 日，任正非签发华为经营管理团队决议《关于体验顺丰速运、海底捞服务的倡议》，倡议全体华为员工用一次顺丰快递，吃一次海底捞，感受其服务。倡议提出："华为公司要与这个快速变

化的时代同步、不落伍，就必须坚持自我批判，开放自己的心胸，不断地向优秀企业学习。"不知道这两家被华为全员学习的企业，得知这个消息后会不会很自豪？

后来一位员工在"心声社区"上讲述：有一次在上海带客户去海底捞吃饭，结完账，这位员工回到饭桌时发现海底捞给他们上了一个果盘，水果摆成了华为标志的形状，这让这位华为员工和在场的客户非常感动。这也引发了他的思考：服务是什么？答案是，服务就是创造惊喜。由此可见，华为向一切可以学习的对象学习，不限于本行业。

延伸案例：当竞争对手倒下时，不止于扼腕叹息

我经常走进企业授课，在课程之余闲聊时，有些企业家学员会分享一些有意思的故事，其中下文中的故事给我留下了深刻的印象。虽然这个故事的主角不是华为，也并非发生在通信行业，而且不一定可以直接学习，但依然值得读者深思，因此在这里与大家分享。

A公司曾经是高科技制造业巨头，2016年因资金链断裂，经营难以持续。这时，董事会准备出售A公司，向全球发出公开收购要约，收到要约的包括A公司的竞争对手B公司。B公司与A是同行，资历比A浅很多，是一颗冉冉升起的新星，但过去几年的利润率比A公司差不少。而关于利润率低，B公司内部复盘后普遍认为，原因是市场部门签的合同质量太差，导致交付成本太高。

B公司经内部讨论后，明白自己不太可能成功完成这次并购，但依然组建了一个多达100多人的并购小组参与此次并购。既然要参与并购，就要摸清A公司的家底，于是B公司从合同、财务体系、服务体系、HR等方面对A公司进行了全方位的调查，包括如何管理国际业务，在遵从法律法规的情况下做到属地人员的低成本等。最有意思的是，这个并购小组将工作重心放

在了 A 公司所签的合同上。他们把 A 公司过去 5 年与客户签署的所有合同认真研究了一遍，重点关注那些重要合同条款的表述。在发现 A 公司和欧洲大客户们协商后的合同条款及交付件后，并购小组的成员大吃一惊：还可以这样大胆地向客户提条件？！他们发现，其实在生意场上谈合作就是做交易，只要提出的条件不太离谱，一切都可以谈，关键是能提出这些要求，而且知道对方的底线。

最终结局在意料之中：A 公司最后被欧洲的一个同行巨头并购，B 公司并购失败并为此先后投入 500 多万美元的成本。

读者会不会纳闷：B 公司是不是在瞎折腾？B 公司花这么高的成本参与并购究竟从中得到了什么？答案竟然是，B 公司学会了如何签署一份高质量的合同！

改进，源于意识到差距。为什么 A 公司与客户签订的合同这么好？为什么自己与客户签订的合同质量这么烂？对比合同条款，B 公司马上逐条改进合同。企业的核心竞争力不单指人才、战略、产品，关键的合同条款也是其中之一。两年之后的 2018 年，B 公司的合同质量普遍提高，与之前的合同相比有了质的提升，保守估计提高了两个档次，利润率大大改善。B 公司借机观摩了别人怎么和客户签订合同，自己也学到了与客户谈合同的优秀实践经验。

因为 A 公司董事会向全球公开发起收购要约，B 公司参与竞标在法律层面不存在阻碍。并且一家企业在面临被并购的阶段通常也会将家底和盘托出。对于认真留心学习的企业来说，并购前的尽职调查是学习的好时期。再次声明，这个故事的主角不是华为，只是一位企业家学员与我分享的故事，之所以分享它，是想传递一个信息：如果你真的用心学习，确实可以抓住各种各样的机会。

华为向客户学习

书享界

"眼睛盯着客户，屁股对着老板"

漫画绘制：王碧华

第 4 章

向客户学习：眼睛盯着客户，屁股对着老板

〔本章导读〕 | 谁最懂客户的需求？客户自己！

众多技术一流的厂家为何频频折戟沉沙？因为错把自己当客户！

华为为何从 B 端杀进 C 端市场屡战屡胜？因为始终把"以客户为中心"作为准则！

在 2010 年华为的一次内部会议上，任正非说："在华为，坚决提拔那些眼睛盯着客户、屁股对着老板的员工；坚决淘汰那些眼睛盯着老板、屁股对着客户的干部。各级干部要有境界，下属屁股对着你，自己可能不舒服，但必须善待他们。"任正非这么说不是因为他清高。今天，人们普遍有一个误解，认为企业中老板的权力最大，因此所有人的眼睛都盯着老板。企业是为服务客户而存在的，为了服务客户而构建了一个类似金字塔的结构来高效协调资源，恰

好老板扮演塔尖的角色；但企业本质上是服务客户的机构，比老板更大的是客户，客户是唯一有权力解雇企业中任何人的人，包括身处塔尖的老板。正所谓：心中没有客户，供什么财神都没用。因此，在一个注重差序格局、权力氛围浓重的企业文化之下，老板只有反复强调"眼睛盯着客户，屁股对着老板"，才能把大家的注意力聚焦在客户的身上。

每次被重点客户骂"不懂行"，华为都会祭出一招：联合创新中心；当大家认为无法满足欧洲高端客户的需求时，华为选择在无效竞标中"空转"，最终抓住机会全面进入欧洲大陆；当日本的客户提出近乎"鸡蛋里挑骨头"的要求时，华为相信"嫌货才是买货人"，不断改进，终于让"华为出品"在日本市场成为高质量的代名词。

无论外部环境如何变化，我们都应该牢记：真正影响企业可持续发展的终极要素，不是前瞻的战略目标，也不是领先的技术，更不是规范高效的流程，而是为客户持续创造价值的能力。这个能力源于何处？源于贴身感知客户的心跳，源于切实把握客户的脉搏，源于始终紧跟客户的步伐。只要学习进步的速度快于客户进步的速度，而且始终谦卑地选择与客户站在一起，则每一次变化都是新机会。

华为创新思维：
与客户共建36+个联合创新中心

漫画绘制：王碧华

与客户共建 36+ 个联合创新中心

　　几位哲学家在马路上散步，看到远处一只母鸡准备从马路一侧跑到另一侧，于是他们争论鸡为什么要冒着在车水马龙中被撞的风险过马路。一位哲学家说："它肚子饿了，要冲到马路对面找吃的。"另一位哲学家说："它的孩子在马路对面等它。"还有一位哲学家说："它应该是瞎的，根本看不到路上的车。"言谈中的几人把苏格拉底、柏拉图、亚里士多德的哲学理论都搬出来佐证，但是谁都说服不了对方，争得面红耳赤。这时，旁边路过的一位老农嘟囔了一句："鸡为什么过马路，你得问鸡啊！"哲学家们的争吵停了下来。

　　这是我在华为大学参加培训时，一位华为管理者在解读"以客户为中心"的深刻内涵时分享的一则小故事。

　　华为人被要求培养两种思维，一种叫"由外而内"（Outside-in），另一种叫"由内而外"（Inside-out）。由外而内是指从外到内看自己的价值，在客户的价值链中找到华为的位置，从客户需求看华为的成长机会；由内而外是指华为所有的工作成果都要在客户的价值链中落地，使内部价值市场化，将一切产出转化为客户可感知的价值。把这两种思维连接起来，就是华为人的思维共性：华为流程的起点和终点都是一个点——客户。

向客户学习，是华为学习的重要组成部分。每次被重点客户骂"不懂行"时，华为都会祭出这一招：联合创新中心。华为懂 ICT 技术，客户懂自己的行业，二者联合起来就可以采用新技术、新模式、新方法探索增量市场。

2006 年，华为与沃达丰[○]在西班牙的马德里建立了首个联合创新中心——移动创新中心（MIC）。至今，华为与全球客户、合作伙伴建立了超过 36 个联合创新中心，合作完成了数百个重要创新项目，这使华为在面向未来和客户中长期需求的研发方面掌握了更多的先机和突破机会。

华为与深圳机场的合作是联合创新中心的一个典型案例。以往在去机场乘坐飞机时，人们普遍需要经历如下流程：先排队打印登机牌，然后排队过安检，其中安检环节耗费时间最长；在安检环节，在把身份证和登机牌递给机场地勤人员核对盖章后，要脱掉外套（有些航线甚至会要求脱掉鞋子），把行李箱和背包中的雨伞、水杯、笔记本电脑、充电宝等全部取出放在筐中过机检查，之后接受地勤人员用手持安检仪自上而下的检测，最后把刚刚拿出来的各个物品重新放回到箱包中。虽然这个环节漫长费时，但人们都因为安全第一而默认了。但是，深圳被誉为"未来之城""创新之都"，非常敢于创新。现在，在深圳 T3 航站楼登机的旅客全程不需要打印纸质登机牌，只需手持身份证，走"易通行"通道，全程无须地勤人员例行安检。箱包中的物品，除充电宝外，其他物品包括雨伞、水杯、笔记本电脑等都不需要取出[○]；而当

○世界上最大的移动通信网络企业之一。
○据说在不久的未来，连充电宝都不用取出。

我过安检正要举起双手接受安检时，地勤人员挥手示意让我直接通过，因为我每年在深圳机场进出 30 次以上，大数据表明我是遵纪守法的公民。从安检外环到通过安检，我最快的一次只用了 3 分钟，这就是深圳效率。如此高效率的背后是谁在提供技术支持？华为是其中之一。

自 2018 年以来，华为与深圳机场在数字化转型规划设计、联合创新、建设发展、运行保障、数字化培训、技术管理等方面进行了全方位的联合创新，通过数字化转型和智慧机场建设，提高深圳机场的运行效率，提升大型机场治理能力的现代化水平，规划建设了近百个智慧化项目，在国内率先推出智能机位分配、智能安检通道等项目，实现 5G 全覆盖并推出一系列 5G 场景应用，让深圳智慧机场建设成为行业的标杆，其相继获得民航旅客服务测评⊖评出的"优秀创新服务奖""最佳机场"，以及国际航空运输协会评选的"场外值机最佳支持机场"等标杆荣誉。

客户往往也对推进联合创新中心的过程非常重视。以华为和深圳机场的合作为例，深圳机场投入 10 多位干部和华为团队一起工作。对华为来说，这是一个学习交通行业门道（Know-how）的绝佳机会。因为深圳机场是全球最繁忙的机场之一，2019 年旅客年吞吐量达 5293 万人次，位居全球第 26 位，且其身处"全国创新之都"深圳，敢于采纳创新的 ICT 方案。华为与这样的高段位客户合作之后，其他同类客户的项目难度对华为而言自然降低很多。从这个意义上看，是客户在教导华为。

⊖ 于 2012 年正式成立。作为独立的第三方民航服务测评机构，它以倾听旅客声音、提升服务价值为目标，专注于提供民航服务数据咨询及服务解决方案。

从 2G 到 5G，小小电话卡里外的商业模式创新

关于华为向客户学习，在华为内部流传着多个故事：201 校园卡、神州行、如意通、3G 数据卡、4G CPE、5G 智慧煤矿……此处选择其中几个进行分享。

20 世纪 90 年代，天津通信运营商购买了华为的一批交换机设备，但放号量的增长速度一直很缓慢。客户为了早日收回投资成本，给华为的一线代表处支了一招——把电话装进高校宿舍。因为高校宿舍多，每个宿舍安装一部电话，放号量的难题不就迎刃而解了吗？华为人一听，也很兴奋，但转念一想，宿舍场景和家庭场景差别很大，一个宿舍一般住 4~8 人，如何区别是谁打的电话？遇到"煲电话粥"的情况岂不让其他人叫苦不迭？怎么解决付费问题？华为一线代表处秉承"以客户为中心"的理念，立刻将这个点子和难题一并传给后端负责交换机产品的研发部门。华为研发部门马上派人到天津与客户深入沟通可能的解决方案，而且为了搞清楚真实场景，他们还专门到高校做现场调研，最后设计出了一个全新的方案——后来火遍全国各大高校的"201 校园卡"。以往的付费模式是打完电话再按月度扣费，而 201 校园卡是预付费卡，学生在学校小卖部购买，50 元一张；学生自行购买，每拨打一分钟电话就从卡中扣除几毛钱，学生之间各扣各费，完美地解决了计费问题，

放号量也立即大幅提升。

因为高校群主要集中在一线城市，华为凭借此举，从过去只能把交换机部署在县级城市，走向将交换机部署在全国一线城市。这就是华为向客户学习的典型案例。

之后，固定电话慢慢被淘汰，移动电话成为主流，华为采用同样的思路解决了新场景的难题。

移动电话在早期属于高消费产品，用户经常出现高欠费，催款也成为通信运营商头疼的事。为了避免事后的补救，通信运营商采用"开户制"，即用户先到电信营业厅缴纳入网费并预存话费，才能享受相关服务。这确实解决了高欠费的问题，但同时带来了新的挑战：新开户的用户数增长很缓慢，因为流动人口比例越来越大，用户经常在全国各地走动，而属地缴费的机制太麻烦。这时，中国移动公司找到华为，咨询能否参照 201 校园卡的逻辑进行商业模式创新。华为积极响应，经过对场景的仔细分析，帮助中国移动重新设计商业模式，开放自动漫游预付费业务，用户无须缴纳月租费，只需购买类似 201 校园卡的充值卡就能便利地用手机打电话，而且该业务支持异地空中充值。之后，中国联通也跟随采用了这一创新模式。这就是后来火遍中国大江南北的中国移动"神州行"和中国联通"如意通"。这几款产品推出之后，中国移动和中国联通的用户量以每年新增几千万的速度爆发式增长，这也让中国通信运营商和华为都获得了丰厚的回报。

3G 数据卡也是华为向客户学习的典型案例。201 校园卡、神州行、如意通的创新实践发生在中国，属于 2G 时代的创新，而 3G 数据卡诞生于欧洲，属于 3G 时代的创新。

因为中国的 3G 牌照于 2009 年才正式发放，所以华为 2009 年之前的 3G 业务只能在海外、主要是欧洲开展[○]。当欧洲通信运营商把网络升级为 3G 后，因为使用 3G 手机的用户很少，其设备长期处于轻负载状态，网络宽带未被充分利用，投资回报率远低于预期。这期间的华为，其实在欧洲并没有获得太多像样的订单，但华为的销售人员依然很勤奋地贴近客户寻找机会。当客户无意中与华为人聊起这个困惑时，华为人将其谨记心中，反复琢磨怎样才能帮助客户利用这些已经部署的网络设备。最后，他们发现了一种可能的突围场景：欧洲商务人士经常出差，其在机场、客户现场、酒店等非常驻地有移动办公的需求，希望有一种便捷的网络接入方法。

华为销售人员向深圳总部反馈了这一场景需求，总部马上安排研发人员飞去欧洲，现场与客户讨论可能的解决方案，最后推出了风靡欧洲的 3G 数据卡。这个产品很轻巧，从表面上看它很像一个 U 盘，其实里面有一个卡槽可以装上通信运营商的 SIM 卡；当用户的笔记本电脑要上网时，只需把 3G 数据卡插入笔记本电脑的 U 盘插口，就可以畅通无阻地上网。操作如此简单便捷，使这一产品迅速获得欧洲商务人士的青睐，网络宽带的消耗量迅速被拉动起来，这大大提升了欧洲消费者从 2G 到 3G 的切换速度。之后，3G 数据卡在中国也迅速流行起来。2008 年左右，华为客户经理在拜访客户时，经常会带上几个 3G 数据卡作为见面礼，虽然不甚贵重，但客户收到后都很开心，

○ 其中也有对技术标准匹配度的考量。欧洲 3G 标准是 WCDMA，华为 3G 产品研发投入最大的也是 WCDMA，因此华为把欧洲作为 3G 主战场。

因为它很实用。

4G 时代，华为和客户联合推出了"4G CPE"终端，这是一种客户前置设备，用于乡镇和园区等场景的无线网络接入。因为这些场景的用户数不大，部署大型设备的性价比太低。而通过 4G CPE 则能大大节约通信运营商的网络建设成本，同时拓展了移动通信的应用场景。

5G 时代，华为和客户联合推出了"5G 智慧煤矿"，探索 5G 在煤矿场景的应用潜力和空间，打造 5G 技术与煤矿融合的典范，从根本上解决困扰人们几百年的煤矿安全问题，引领煤炭产业智能化发展。

创新永无止境。一路走来，华为帮助客户成功，同时客户也在引领华为成长，二者相得益彰。

华为训战逻辑：
高端客户就是最好的老师

漫画绘制：王碧华

在欧洲大陆的无效竞标中"空转"

2003—2008 年，华为在大规模进入欧洲通信市场的早期，大量参与竞标并向客户学习。

当时的欧洲是爱立信等西方通信设备公司的主阵地，华为项目团队也知道获得订单的概率很小，但华为认真参与每个项目的答标，参加客户组织的各种技术测试，就像中标一样做足各种准备工作。甚至曾有多次，华为根本都不在客户的供应商短名单中，也同样参加竞标，客户很纳闷：你们这不是白费劲吗？但是，华为人对自己很"狠"，还是按客户对标书的要求一件一件地认真完成，通过真实的市场答标锻炼团队。客户需求是什么？客户需求在标前阶段就是标书文件，在标后阶段就是合同文件，客户的需求都已经清晰地写在标书文件和合同里了，通过把握其中的内容，就能基本知晓客户的需求。

华为的能力并非一开始就如此完善。前端通过客户需求拉动后端，逐项卷积后端资源以构建、完善能力，后端的产品品质、生产要求、服务条款、财务融资、备件、逆向物流、出关、报关、法律法规等部门紧跟前端，让每一份合同承诺成为训练队伍的最好载体。按客户标书的要求走，走多了，华为就慢慢掌握了市场运作的方法，其内部体系的配合也就熟稔了，后续当适合华为的大项目来时，团队就能马上上手。

2003—2008 年，华为在欧洲没有中标像样的大订单，但依旧投入大量的精力投标，安排人员出差欧洲参加各种技术测试和各种展会。那段时间，华为把欧洲地区当作战略投入，据说当时任正非以 8 亿美元作为市场松土基金，要求公司的每个主要产品必须在欧洲找到一个标的参与。

在没有订单的情况下学习并持续练兵，掌握这块土地的门道，这是华为打入高端市场很成功的做法，是在"空转""烧钱"中锻炼队伍，但恐怕全球只有华为一家公司愿意这么干。从中也可以看出，华为为了拿下一个战略市场可以付出多大的决心和行动。所以柳传志评价任正非："任正非确实有超人的勇气，因为他们大量地投入，做出非常人所能做之事，他们冒的风险比我们大。"

高端客户的高要求，就是学习的"指挥棒"

高端客户的高要求就是华为学习成长的指挥棒。

英国电信曾经是全球最大的电信企业，2001 年的互联网经济泡沫破灭之后元气大伤。在其准备对英国本土的网络进行全网升级和改造时，成本控制成为首要因素，于是其董事会将目光投向了亚洲，尤其是中国。在考察过日本和中国的多家供应商之后，英国电信将"目标"锁定为华为。2003—2005 年，英国电信对华为进行了全面的供应商认证。通信行业一致认为，英国电信是一个非常挑剔的超级客户，有一套苛刻的认证体系，包括长达 12 项、有上百条细目的认证标准，这对只有 10 多年历史的华为来说，无疑是一个巨大的挑战。三年严苛的供应商认证对华为正面理解欧洲主流电信营运商的要求有很大帮助，这让华为系统地理解了与世界级运营商做生意需要具备的条件，也在西方世界树立了华为的品牌。这个过程就是华为通过客户发起的供应商认证来向客户学习的好案例。

在市场准入方面，华为也抓住了一个学习的好机会。在市场准入方面，日本客户是全球最严格的客户之一，也恰恰是日本客户，给华为的质量管理带来了很大提升。有一次，华为有一批货品被日本客户退货。这批货品的质量没有问题，华为人很纳闷；最后查明的原因是华为的生产部门在贴货品的外包装的标签时比较随意，没有在箱子固定的位置贴标。在正常情况下，人工识别这些标签是没有任何问题的，但日本客户用机器扫码自动识别货物，因为标签没有被贴在固定的位置，机器无法识别，所以客户把这批货品全部退回。如果换作其他公司，或许会说日本客户吹毛求疵，但华为人不仅没有这样做，反而借这件事情认真组织讨论，得出结论：客户的这一看似"挑刺"的要求其实是对的。产品质量不仅仅包括生产技术质量，还包括对货品交付的每一个环节的品质要求。从此，华为在贴标方面的操作就很标准了。

延伸案例：任正非背后的神秘"军师"

经常阅读华为管理文章的读者对黄卫伟、吴春波等名字不会陌生。他们都是中国人民大学的教授，但其更知名的身份是任正非背后的神秘"军师"。自 1996 年 3 月起草《华为基本法》开始，他们已经担任这个特殊的角色超过 25 年了。

黄卫伟，中国人民大学教授，华为公司首席管理科学家，首批"蓝血十杰"（华为管理体系最高奖）获得者，《华为基本法》起草小组成员、执笔人，自 1996 年起担任华为总裁办管理顾问至今。

吴春波，中国人民大学教授，《华为基本法》起草小组成员，自 1996 年担任华为总裁办管理顾问至今。

任正非曾自我评价："我的性格像海绵一样，善于吸取他们的营养，总结他们的精华，而且大胆地开放输出。"能够持续担任这样企业家的老师 25 年以上，其水平会是何等之高？中国的很多咨询顾问往往只能服务企业客户 1 年，服务期超过 3 年的，往往与客户相看两厌。企业家认为已经"榨干"这个顾问了，其水平也不过如此；顾问也认为确实没有更多的新东西可以教授给企业了，该说的话都已经说了，该给的建议都已经给了，继续耗在这里没有实际意义，最后一拍两散。

人们在读任正非的文章时，普遍有一个感觉：篇篇都是大白话，但篇篇震撼人心。好文章就像一个好产品，是众人精心打磨的结果，甚至连标点符号和语气词都被很认真地打磨过。任正非的思想和认知并不是拍脑袋形成的，而是通过内外长期交流凝练而成的，这种交流不是没事找事，而是华为高管团队在讨论中达成共识的过程。

黄卫伟、吴春波正是"华为企业家思想整合小组"的核心成员，对任正非在全球交流"一杯咖啡吸收宇宙能量"时获得的碎片式灵感进行记录、提炼、整合、升华，有了文章的雏形后与任正非碰撞，再向华为高管征求意见。如果没达成共识就再次讨论、修改，如果达成共识就小范围发布传达，半年后再向全体员工或社会公众发布完整的文章。

在这个长达 25 年之久的合作过程中，黄卫伟、吴春波是任正非的顾问、老师，任正非也是黄卫伟、吴春波的"客户"。任正非的思想境界已不可与 25 年前同日而语，黄卫伟、吴春波等人的思想深度也有了很大的提升。因为他们都是任正非"身边的人"，我经常阅读其管理文章以吸取新的思想养分。按时间顺序阅读其 25 年来所写的文章，可以明显地感到每 1~2 年其思想境界就能上升一个台阶。任正非经常感谢身边的这些顾问帮助他成长，但反过来想，也正是任正非这样的高要求客户——具备"海绵性格"的企业家，倒逼黄卫伟、吴春波等学者不断地学习提升，其才能源源不断地给服务对象提供更新的思想知识、与时俱进的价值贡献。

作为老板的老师尚且如此，华为高管们的学习动力可想而知。

書享界

华为以万物为师

漫画绘制：王碧华

第 5 章

万物皆为师：
读万卷书，行万里路，见万种人，干一件事

〔本章导读〕

任正非认为自己的性格像海绵，善于吸取他人的营养，而且大胆地开放输出。

任正非认为华为的文化像洋葱，剥到最后，剩下的核心很小的部分是华为文化。这是一种坦诚开放、兼容并蓄、敢于自我批判的文化。

任正非认为，华为的学习不应局限于本领域、本行业。其学习对象的地域宽度、时间长度、内涵深度，让人叹为观止，已经远远超越了孔子主张的"三人行，必有我师"，包括但不限于萤火虫、蜜蜂、蚂蚁、乌龟、凤凰、大雁、蜘蛛、青蛙、老鼠等动物；薇甘菊、白杨树、小草等植物；都江堰、巴拿马运河、埃及金字塔、汶川百年教堂、客家土围子（客户大屋）、古罗马广场等建筑物；热力学第二定

律、克劳修斯不等式、熵增原理、正态分布图、耗散结构等数理化定律；大秦帝国的崛起、新教伦理与资本主义精神、二战时期的"蓝血十杰"，"两弹一星"的功勋、高尔基笔下的丹柯、"东方兵圣"孙武、"西方兵圣"克劳塞维茨……在任正非的眼中，万物皆为师。

任正非的咖啡对话：
让黑天鹅在咖啡杯中起飞

書享界

A COFFEE WITH REN

漫画绘制：王碧华

向"咖啡"学习:黑天鹅在咖啡杯中起飞

从成熟度来看,知识大致分为两类:成熟型知识和探索型知识。这两类知识的学习方式分别对应系统化学习和碎片化学习。系统化学习一般出现在学习的早期,功利性很强,目的就是建立属于自己的成熟型知识金字塔,因为无论组织还是个人,如果没有知识金字塔,就会越学越乱。知识金字塔建立之后,学习诉求就演变成获得有启发的知识即可,遇到一个知识就吸收一个知识,就像在金字塔上添砖加瓦一样,这类知识一般是探索型知识,这时的学习方式属于碎片化学习,是对系统化学习的有益补充。其实当你与别人交流时,只要问题提得好,对方很乐意回答,因为好问题也会触发对方更深入的思考,你能因此免费学到很多新知识。而通过不断地聊、不断地学、不设门槛地学,学习可以无时不在、无处不在。华为把学习探索型知识的碎片化学习方式形象地比喻为"一杯咖啡吸收宇宙能量",让黑天鹅在咖啡杯中起飞。

任正非说:"世界 IT 行业最发达的地区在美国,在持续引入高端专家的同时,我们的高级干部和专家也要突破局限,每年走出去和世界交流,不要只知道'埋头苦干',要善于用一杯咖啡吸收宇宙能量。我们经常参加各种国际会议和论坛,杯子一碰,只要 5 分钟,就可能会擦出火花,吸收很多'能量'。不改变思维习惯，就不可能接触世界，不接触世界怎么知道世界的样子？有时候一句话两句话就足以道破天机，擦出思想的火花。"

"一杯咖啡吸收宇宙能量"如今已经变成华为的管理高频词。咖啡在本质上是一个符号，是华为下决心进行全球化的符号。随着咖啡逐渐融入华为在全球170多个国家和地区的代表处，代表开放、平等、包容的咖啡文化也润物细无声地浸入华为在全球的每一个角落。无论是科学理论的重大突破，还是主航道的无人区，开放的文化会孕育出多样性，让华为在面对黑天鹅时拥有充分的选择权。

对于这个词的内涵和外延，2017年12月11日，任正非在华为喀麦隆代表处讲话时做过形象的解读："一杯咖啡吸收宇宙能量，并不是咖啡因有什么神奇的作用。而是利用西方的一些习惯来表达开放、沟通与交流的思想。你们进行的普遍客户关系拓展、投标前的预案讨论、交付后的复盘、饭厅的交头接耳……我认为都是在交流，在吸收外界的能量，在优化自己。形式不重要，重要的是精神的交流。咖啡厅也只是一个交流场所，任何时间、任何地点都可以是交流的机会与场所，不要狭隘地理解形式。"

任正非不仅要求华为高级干部和专家"一杯咖啡吸收宇宙能量"，他自己也在身体力行。

2019年5月16日，美国商务部把华为列入实体清单后，为了消除西方公众对华为的认知偏差，持续增强西方客户和合作伙伴的信心，华为在2019年一共举办了三期《与任正非的咖啡对话》（A Coffee with REN）。而且，为了增加透明度，华为选择面向全球公众全程直播这三次高端咖啡对话。

2019 年 6 月 17 日，华为在深圳坂田总部举行第一期《与任正非的咖啡对话》。任正非和华为公司负责公共及政府事务的高级副总裁陈黎芳对话美国两大数字时代著名思想家尼古拉斯·尼葛洛庞帝（Nicholas Negroponte）、乔治·吉尔德（George Gilder），对话主题是"技术、市场和企业"。

在这一场长达 100 分钟的精彩对话中，任正非称，只有全球化合作才能让更多的人享受科技成果。尼古拉斯·尼葛洛庞帝是美国计算机科学家，被西方媒体推崇为计算机和传播科技领域最具影响力的大师之一。同时，他也是乔布斯的老师。此次访谈中，任正非正式拜尼古拉斯为师，戏称自己成了乔布斯的同学。

乔治·吉尔德是《福布斯》著名撰稿人，业界称其为技术大师、未来学家。他在对话中表示，华为有长远的眼光，因此能够在 5G 等领域取得快速发展。

2019 年 9 月 26 日，华为在深圳坂田总部举行第二期《与任正非的咖啡对话》。任正非和华为公司战略部总裁张文林对话美国著名计算机科学家杰瑞·卡普兰（Jerry Kaplan）和英国皇家工程院院士、英国电信前 CTO 彼得·柯克伦（Peter Cochrane）。在本次对话中，任正非与技术大神们就 5G、人工智能等新技术的发展以及由此带来的影响展开了探讨。

2019 年 11 月 6 日，华为在深圳坂田总部举行第三期《与任正非的咖啡对话》。在此次对话中，任正非的对话嘉宾是联合国安全理事会前主席马凯硕（Kishore Mahbubani）、智能工厂工业 4.0 精神之父德特莱夫·祖尔克（Detlef Zuehlke），对话主题是"数字主权：从对话到行动"。

有人曾问任正非"到底谁才是你的老师"，任正非回答："我的老师不就是'一杯咖啡'吗？"一杯咖啡吸收宇宙能量，与高手为伍，与智者同行；久处兰室，不芳自香。

华为向建筑学习：
建筑是人类凝固的音乐

书享界

金字塔

客家土围子

HUAWEI

都江堰

"千古传唱的歌，
才是好歌"

漫画绘制：王碧华

109

向建筑学习：千古传唱的歌，才是好歌

2009 年，华为在信息与通信设备供应领域位居全球第二，正走在成为世界第一的路上。任正非意识到产品质量在未来将是一个大挑战，他在华为运作与交付体系奋斗表彰大会上讲了如下一席话："什么是好产品？好产品犹如好歌，只有千古传唱的歌，才是好歌。都江堰就是一个例子。几千年过去了，现在都没有人提出改变都江堰的设计、结构、思想。这才是真正的科研结果，真正的好产品。这也给管理带来很大启发。都江堰的秘诀就是六个字'深淘滩，低作堰'。深淘滩，就是确保增强核心竞争力的投入，确保对未来的投入，即使在金融危机时期也不动摇；同时不断挖掘内部潜力，降低运作成本，为客户提供更有价值的服务。低作堰，就是节制对利润的贪欲，不要因为短期目标而牺牲长期目标，留存的利润少一些，多让一些利给客户，以及善待上游供应商。"我在《华为成长之路：影响华为的 22 个关键事件》一书的第 15 个关键事件，对华为如何向都江堰学习作了详细解读，感兴趣的读者可以参阅。

任正非在参观建筑物时，也经常产生新的灵感。

2004 年，华为刚刚从"华为的冬天"里走出来，任正非在公司营销工作会议上讲了这么一个故事："我曾经带华为高级干部去看客家大屋，也就是土围子，这个土围子能让这么多人活下来？关键是每个土围子都有一个很好的水井，这就是现金流。我们公司高层干部要清醒地认识到现金流的重要性，公司到现在没有崩溃，就是因为我们一直关注现金流不能中断。粮食等物资可以储存起来，但人没有水就不能生存。国外的老城堡都要解决喝水问题，解决了喝水问题就解决了生活和战争问题。这眼水井就是我们财务管理的现金流。"任正非从客家土围子的一口水井，洞察到企业经营中现金流的重要性。

2008 年 9 月 22 日，任正非在华为中央平台研发部表彰大会上发表题为"从汶川特大地震一片瓦砾中，一座百年前建的教堂不倒所想到的"的讲话。这一讲话的缘起，是 2008 年汶川大地震中一座没有倒下的百年教堂。任正非很感慨，华为要做百年不倒的教堂，要靠平台战略——从长期来看，产品之间的竞争归根结底在于基础平台的竞争。

他说："网越来越大，连接越来越复杂，安全运行越来越让人忧心。不基于一个优秀的平台，就无法实现客户所需的速度、质量，也无法开发出相应的产品及内容……平台研发人员，就像一百多年前建教堂的人们一样，默默无闻地无私奉献，人们很难记起哪一条砖缝是何人所修。我司的基础平台也要历经几代人的智慧不断累积、优化，谁说百年后我们不是第一？这些平台累积，不是一个新公司在短时间内就能完成的，而且我们已把过去的平台成本不断分摊完毕，新公司即使有能力，也要投入相同的成本才能实现。我们拥有这样丰富的优质资源，这是任何新公司都不具备的，这就是一个大公司的制胜法宝。如果大公司创新不如小公司，干劲不如小公司，为什么胜的还是大公司？相信百年之后，我们的基础平台还会更有竞争力，能为客户提供更加丰富多彩的服务。"

在一次参观埃及金字塔时，任正非在展厅里发现一根陈列在橱窗里的4000多年前的大麻绳，其纤维就像 DNA 螺旋结构一样拧在一起，至今还拧得紧紧的，这给任正非很大启发。拧麻花一样的做法在华为的日常工作中处处可见：长期增长与短期利润、扩张与控制、集体奋斗与尊重个性、集权与分权等，这些都是共同推动企业发展的两股力量，同时也是经营管理中的矛盾。这种对立统一的矛盾管理方式被任正非形容为"拧麻花"：一个往左使劲，一个往右使劲，结果是绳子越拧越紧，矛盾双方建立起一种既对立又相互促进的机制，避免走极端。

"拧麻花"在华为最典型的应用场景是华为组织结构。华为长期采用的矩阵式组织结构分横向和纵向两个方向，横向是面向客户的项目线，纵向是面向产品的专业职能线。《华为基本法》对此组织结构做了清晰的描述："公司的基本组织结构将是一种二维结构：按战略性事业划分的事业部和按地区划分的地区公司。当按职能专业化原则划分的部门与按对象专业化原则划分的部门交叉运作时，组织上形成了矩阵结构。公司组织的矩阵结构，是一个不断适应战略和环境变化，从原有的平衡到不平衡，再到新的平衡的动态演进过程。不打破原有的平衡，就不能抓住机会，快速发展；不建立新的平衡，就会给公司组织运作造成长期的不确定性，削弱责任建立的基础。"因此，华为人做一个项目，往往是前端和后端多个部门共同协作，前拉后推，互相监督，这个过程就是"拧麻花"。

华为向动物学习：
动物哲学是大千世界的生存逻辑

書享界

反面学习对象

蜘蛛　青蛙　老鼠

正面学习对象

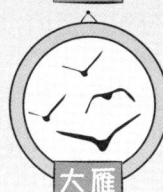

萤火虫　蜜蜂　蚂蚁

乌龟　凤凰　大雁

漫画绘制：王碧华

向动物学习：30 年练就独特的"动物哲学"

动物，经常在任正非的讲话、华为总裁办电子邮件中被提及。这些动物大致可被分为两类，第一类是反面学习对象，第二类是正面学习对象。我选取其中大家不太熟悉的一些介绍一下。

第一类动物：反面学习对象

- 蜘蛛

"黑寡妇"是任正非在 2010 年研发体系干部大会上讲话时首次提及的动物，这是一种分布广泛的蜘蛛。这种蜘蛛在交配后，母蜘蛛会咬死并吃掉雄蜘蛛，将之作为孵化幼蜘蛛的营养，因此被民间命名为"黑寡妇"。任正非借此告诫华为人："华为在与别人合作时，不能做'黑寡妇'……以前华为与其他公司合作，一两年后，华为就把这些公司吃了或甩了。我们已经够强大了，内心要开放一些，谦虚一点，看问题再深刻一些。不能小肚鸡肠，否则就是楚霸王了。我们一定要寻找更好的合作模式，实现共赢。研发还是比较开放的，但要更加开放，对内、对外都要开放。想一想我们走到今天多么不容易，我们要更多地吸收外界的不同思维方式，不停地碰撞，不要狭隘。"

- 青蛙、老鼠

2004 年 7 月，任正非将一则《蛙鼠殒命》的寓言转载在《华为人》报上，具体内容如下。

一只老鼠在河边玩耍时，遇见一只英俊的青蛙，青蛙口若悬河地向老鼠介绍游泳的快乐、漂流的趣味及沼泽地里发生的奇闻逸事，老鼠则向青蛙讲述岸边的风景和田间丰富的物产，它们被对方深深地吸引。开始时，老鼠带着青蛙在地面上旅行，它们在一起十分开心，但到了池塘边上，老鼠犯愁了，它不会游泳，这时青蛙善解人意地说："不要害怕，我会帮助你的。"它让老鼠将爪子搭在自己的后脚上，然后用芦草紧紧地将彼此绑在一起，就这样，它们高兴地开始水上旅游。这时，一只老鹰看见它们，俯冲下来抓老鼠，青蛙赶紧往水里潜，但因为老鼠抱住了其后腿，青蛙的速度大打折扣，最后老鹰抓住了奄奄一息的老鼠，又因为芦草将它们紧紧地绑在一起，所以青蛙也成了老鹰的战利品。

为什么在2004年这个时间点谈论这则寓言？2004年，刚刚走出"华为的冬天"的华为，面临各种并购合作的机会。任正非希望通过这则寓言，告诫华为管理层，在企业并购潮掀起时，要始终保持头脑清醒，特别是当华为与美国3Com、德国西门子、德国英飞凌、加拿大北电等大型外企有合作机会时，要注意保持发挥双方各自的优势，一定要警惕合作可能会使双方在特定时刻丧失各自的优势，不要让《蛙鼠殒命》的悲剧故事在经营领域里上演。

第二类动物：正面学习对象

· 萤火虫

任正非呼吁大家向"萤火虫"学习，他说："华为的光辉是由数千只微小的'萤火虫'点燃的。'萤火虫'拼命发光时，并不考虑别人是否看清了它的脸，光是否是它发出的。没有人时，它们仍在发光，保持着华为的光辉与品牌，默默无闻，毫不计较。如果不是每一只萤火虫都在拼命闪光，华为就会晦暗无光。当然，其中既包括我们这些正在闪光的小虫，又包括离开了我们独自高飞的大虫、老虫、小小虫……他们都曾贡献。"平凡的人在平凡的岗位上汇聚起来，就能做出非凡的事。

- 蜜蜂

有一段时间，华为人曾向"蜜蜂"学习，学习"蜂群战术"。任正非要求平时只需要少数人参与侦察，一旦发现重要敌情，能迅速集结大部队以优势兵力打歼灭战，仗打完能迅速解散，继续投入下一场战斗，灵活地调配全球资源对重大项目的支持。"蜂群"迅速集结与撤离的"一窝蜂"战术也与美军参谋长联席会议的组织模式较为相似。

- 蚂蚁

除了蜜蜂，华为还向蚂蚁学习。任正非说："我认为，这个世界就是一个蚂蚁窝，所有人都要像蚂蚁一样一点点地劳动、筑巢，或者像蜜蜂一样一点点地采蜜，才能酿成蜂蜜。人类的今天就是靠所有人一点点地劳动积累而成的，而不是靠某几个人一步登天的。"

任正非之所以把世界比作蚂蚁窝，把人比作蚂蚁，是想表达一个意思：成功没有捷径，唯有长期艰苦奋斗。华为如今取得的成绩正是华为人长期艰苦奋斗的结果。正是在这种奋斗文化的引领下，华为人才能永不忘本，勤劳肯干，华为才能持续把价值做实。

- 乌龟

2013 年，华为超越爱立信成为全球信息通信设备行业的领头羊，任正非却在内部呼吁大家向"乌龟"学习。当年 10 月 19 日，在华为公司年度工作会议上，任正非发表了题为"用乌龟精神，追上龙飞船"的讲话："华为就是一只大乌龟，25 年来，爬呀爬，全然没看见路两旁的鲜花，忘了经济这 20 多年来一直在爬坡，许多人都成了富裕阶层，而我们还在持续艰苦奋斗。爬呀爬……一抬头看见前面矗立着'龙飞船'，跑着'特斯拉'那种神一样的乌龟，我们还在笨拙地爬呀爬，能追上它们吗？"任正非以乌龟精神概括了华为 25 年来的发展历程，并对未来华为实现持续自我超越保有信心，他强调"乌龟被寓言赋予了持续努力的精神，华为的这种乌龟精神不能变，我也借用这种精神来说明华为人奋斗的理性。我们不需要热血沸腾，因为它不能点燃并为基站供电。我们需要的是热烈而镇定的情绪，紧张而有秩序的工作，一切要以创造价值为基础。"

- 凤凰

1996 年，华为市场部集体大辞职（该事件的详细过程请参考《华为成长之路：影响华为的 22 个关键事件》第 5 个关键事件），从而让"烧不死的鸟是凤凰"成为华为流行语，流传至今。

据民间传说，当凤凰生命临近大限之时，便会集于梧桐枝上浴火燃烧，向死而生，在肉体经受巨大痛苦后，它们才能以更美好的躯体重生，这就是"凤凰涅槃"。

凤凰涅槃是一种残酷之美，其重生建立在义无反顾的绝境之上，常用来比喻人们只有经历漫长的时间和世间各种磨难的洗礼后，才能获得重生般的改变。任正非希望借此让华为人理解：伟大的背后都是苦难！

- 大雁

大雁往南迁徙时，总是数百只、数千只汇集，互相紧贴着列队而飞，人们称之为"雁阵"。雁阵由经验老到的"头雁"带领。加速飞行时，雁阵排成"人"字形；一旦减速，雁阵又由"人"字形换成"一"字形，这是为了长途迁徙而采取的有效措施。当飞在前面的头雁的翅膀在空中划过时，翅膀尖上就会产生一股微弱的上升气流，排在后面的大雁就可以依次利用这股气流飞行，从而节省了体力。但头雁受到的风阻很大，很容易疲劳，所以在长途迁徙的过程中，雁群需要经常变换队形，更换头雁。这样组织而成的雁阵是自然界中协作最为密切、效率最高的一个群体。

华为的治理结构比较特别，采用高层轮值制，其灵感恰恰就来自雁阵。纵观华为 30 余年的治理结构，可大体被分为以下四个阶段：

CEO 负责制：1987—2004 年；

轮值 COO 制：2004—2011 年；

轮值 CEO 制：2011—2018 年；

轮值董事长制：2018 年至今。

2004 年是华为治理结构的分水岭。那一年，华为刚刚走出"华为的冬天"，任正非反思：公司靠一个人领队是不可持续的，领队一旦决策错误就会给组织造成严重的后果，也会导致公司出现"只有高层、没有高管"的局面，不利于接班人体系的建立。根据人力资源管理机构美世咨询（Mercer）的建议，华为重新设计了高层决策机制，取消了沿用十多年的常务副总裁职位和总裁办公会议，成立了 EMT，公司的重大战略决策均由 EMT 做出，担任 EMT 成员的是华为 8 名核心高管：孙亚芳、费敏、洪天峰、徐直军、徐文伟、胡厚崑、郭平、纪平。决策牵头工作由 EMT 成员轮流担当，每人任期 6 个月，轮值期间相当于首席运营官（COO）。华为建立了轮值 COO 制，从此正式从任正非的个人决策体系向集体决策体系转身。

2011 年，华为把 2004 年以来实行 8 年的轮值 COO 制升级为轮值 CEO 制。轮值 COO 制和轮值 CEO 制有什么差别？其本质差别在于最终责任承担。尽管轮值 COO 制也采用了轮值，但任正非仍在把控，身体力行，带领团队，当值的 COO 只是日常会议的召集人，类似老板的助手，还没有真正扛起决策的最终责任；轮值 CEO 制则要求轮值 CEO 在当值期间把经营责任全部扛起来。

2018 年 3 月 24 日，华为发布公告，轮值 CEO 制将不再运作，改为轮值董事长制。轮值董事长在当值期间是公司最高管理者，领导公司董事会和常务董事会。

2018 年，华为把轮值 CEO 制升格为轮值董事长制，进一步强化轮值高管的责任，从"强 EMT"走向"强董事会"的全面担责阶段，未来华为将会走向更加相对均衡的阶段，提升员工持股代表会的控制地位。

华为是国内唯一采用这种新型组织结构的大型企业，高层轮值的灵感正是来自雁阵。

华为在治理结构演进过程中，也吸取了国美、联想、爱立信等各大企业的治理经验与教训。据华为董事会、首席秘书江西生的讲述，2013 年华为专门研究了老对手爱立信的治理结构。爱立信创立于 1876 年，至今已有 140 多年历史，是股东控制公司的绝佳案例。早在 1900 年前后，瓦伦堡家族就投资了爱立信，尽管这 140 多年间，董事长、CEO 几经变换，但直到今天这个家族依然实际控制着爱立信。

经过比较分析发现：中国大型企业常规的"董事会—经营团队"恰恰对应华为的"员工持股代表会—董事会"。在未来，华为员工持股代表会把控长期方向，董事会把握短期方向，负责当期经营业绩。值得注意的是，任正非始终拥有一票否决权，这是底线，尽管至今他没有动用过该项权力，未来也不一定使用，但手中有没有这项权力完全不一样：有原子弹哪怕不引爆，依然具有强大的威慑力。这是一种制衡机制，为公司治理提供了新的思路与做法。

综上所述，无论是反面学习对象，还是正面学习对象，华为向动物学习的关键是学习其精神，动物本身只是这种精神的载体，而且这种精神与华为所处的发展阶段强相关。

向植物学习：向下扎到根，向上捅破天

英国著名植物学家、科普作家、以色列特拉维夫大学曼纳植物科学中心主任丹尼尔·查莫维兹（Daniel Chamovitz）的观点深深影响了华为人，他说："人们必须意识到植物是复杂的生物体，过着丰富而感知的生活……如果我们意识到所有的植物都受到让它们不能活动的'扎根'这一进化上的限制，那么我们就会开始钦佩叶子和花朵里所包含的复杂的生物学。'扎根'是一个进化上的巨大限制，这意味着植物不能逃脱恶劣的环境，不能为寻找食物或配偶而迁移。所以植物必须形成极为敏感且复杂的感知机制，才能在不断变化的环境中生存下来。"

华为的风险管理理念认为：企业应该是植物，不应该是动物，只有把根扎得越深，才能长得越高。植物没有腿，因此不管环境好坏，都要想办法把根扎下去，吸收养分，与环境融为一体，逐渐强大自身。外部环境一定是不确定的，唯一能确定的就是自己必须长成一棵大树。这就是任正非说"美国能做什么我们不能左右，我们只能把自己做好"的原因。

自 1987 年成立以来，华为一直深耕信息通信领域，不炒房、不炒股、不搞多元化纯财务投资，就像植物"扎根"一片土地一样，唯有追求在这一片土地上快速增长——向下扎到根，向上捅破天。

华为一名退休高管说："任总是有理想的人。你想想，他是学建筑的——重庆建筑工程学院毕业。从专业角度来看，他的专业不是通信，而是建筑。我们的深圳坂田基地、东莞松山湖基地、华为全球各大研究所园区建得多漂亮！他在对园林、建筑美学的理解上很有造诣，即便如此，任总在中国房地产行业最辉煌的十多年里，坚决拉住华为人的冲动，硬是没有投资房地产。任总到各地拜访客户时，当地政府不止一次提议给华为批一大块地发展房地产，以华为的实力，房地产也能做得非常好，而且利润会非常可观，但华为就是选择不做，任总每次都微笑着婉拒了对方的好意，说华为人只能赚制造业的辛苦钱。"

就像植物一样，既然不打算横向发展，就必须纵向发展。2010 年左右，任正非用薇甘菊来比喻这种在一个行业纵深发展到极致的模式。

薇甘菊是一种原产于美洲的野草，是地球上生长最快的植物之一，有些植物学家研究发现其生长速度极快，夸张一点讲，可以达到"每分钟一英里[⊖]"。它只需要很少的水分、极少的养分就能存活下来，借助一切机会迅速地蓬勃发展。

30 多年前的华为，就是一粒渺小得不能再渺小的草籽，在改革开放前沿阵地深圳这片刚刚开荒的热土上，艰难地长成一株小苗，然后一株小苗上长出了几个节点，这些节点都以"每分钟一英里"的速度迅速扩张，从深圳南山的一间单元房起步，走向亚非拉，走进欧洲市场，如今把业务扩展至全球

⊖ 1 英里 =1.609 千米。

170 多个国家和地区，服务 30 多亿人口。在这一路上，曾经的那些巨无霸竞争对手，比如摩托罗拉、诺基亚、西门子、马可尼、北电、朗讯、阿尔卡特、爱立信等，合并的合并，衰落的衰落，垮掉的垮掉，而华为一骑绝尘成了信息通信制造行业的全球领导者。如果在这一路上，华为没有克制自己的多元化冲动，必然会分散自己的资源和精力，无法聚焦主业，那么它的命运也会像那些衰败的竞争对手一样。这或许就是植物的胜利——人们很少听说寿命超过 100 年的动物，但寿命超过 100 年的植物比比皆是。

向数理求解：正态分布、熵增原理、耗散结构

或许因为华为人普遍是理工科背景，任正非在解释经营管理的道理时，经常使用数理化定律与干部员工沟通，包括但不限于热力学第二定律、克劳修斯不等式、熵增原理、正态分布、耗散结构等。

比如，任正非在谈到华为的生意经时，用了一个数学曲线正态分布图来解读，他说："世界上每个东西都有正态分布，我们只做正态分布中间那一段，别的不做了，其他地方很赚钱我们也不做，也卖不了几个。我们就在主航道、主潮流上走，有流量就有胜利的机会。"如果你对大学期间高等数学课本的正态分布图有印象，就会理解这段话的内涵。在正态分布图中，有两个常用区间：$\mu \pm 1\sigma$ 及 $\mu \pm 1.96\sigma$，这两个区间面积分别占总面积（或总观察例数）的 68.27% 及 95.45%。这两个区间就是华为内部一直追求的"主航道"。

对华为管理影响最广的数理化原理，莫过于热力学第二定律。任正非多次呼吁华为人力资源要研究热力学第二定律的熵死现象，避免公司过早地沉淀和死亡。

德国数学家、物理学家鲁道夫·克劳修斯于 1850 年发现热力学第二定律，1865 年提出"熵"的概念。在自然社会中，热量可以在任何时候自发地从温度高的物体传递到温度低的物体，但不可能自发地从温度低的物体传递到温

度高的物体。换句话说，要维持高温或加温，一定要有外力干预。这种温度传递如果发生在一个封闭系统中，则最终会达到热平衡，失去了温差，无法继续作功，这个过程叫"熵增"，最后状态就是熵死。

任正非在一次与黄卫伟教授交流管理话题时，听取了黄卫伟教授就热力学第二定律做的分享，受到很大启发，他说："社会科学和自然科学有着同样的规律。对企业而言，企业发展的自然法则也是熵由低到高，逐步走向混乱并失去发展动力。"

熵，原本是热力学第二定律的概念，却被任正非用于研究企业的发展之道，成就了华为独特的思想文化、价值观和发展战略。如果理解了这点就会明白，为什么任正非经常把"华为"和"灭亡"两个词关联起来。比如，他在《华为的冬天》的开篇语中写道："十年来，我天天思考的都是失败，对成功视而不见，也没有什么荣誉感、自豪感，而是充满危机感。也许正因为这样华为才存活了十年。只有我们大家一起想，怎样才能活下去，也许才能存活得久一些。失败的那一天是一定会到来的，大家要准备迎接，这是我从不动摇的看法，这是历史规律。"

热力学第二定律是封闭系统的自然规律，走向灭亡成为必然，这让人非常悲观和感到绝望。有没有破解之道？有！

在鲁道夫·克劳修斯发现热力学第二定律的 100 年之后，比利时物理化学家普利高津，1969 年提出"耗散结构"理论震惊世界，并因此获得 1977 年诺贝尔化学奖。普利高津认为，避免熵死的方法之一就是建立耗散结构——这是在不违背热力学第二定律的情况下提出的破解之道。耗散结构就是一个远离平衡的开放系统，通过不断与外界进行物质和能量交换，在耗散过程中产生负熵流，从原来的无序状态转变为有序状态，这种新的有序结构就是耗散结构。

任正非甚是认可上述原理，他认为，企业要想生存就要逆向作功，把能量从低到高抽上来，增加势能，如此就能持续发展，于是诞生了"厚积薄发"的华为理念；人的天性就是要舒服，但是这样企业如何发展？于是诞生了"以奋斗者为本""长期艰苦奋斗"的华为理念；钻研技术研究的人喜欢自己关起门来研究，慢慢就有可能变得沾沾自喜，只有走出去与业界技术大咖交流时，才会意识到巨大的差距，于是诞生了"一杯咖啡吸收宇宙能量"的华为理念。

从人性上来看，个人几乎不可能自己加温，更不可能长期自己加温，"长期艰苦奋斗"不可能自发实现。公司内部的地区差异、部门差异是必然的客观存在，人才的自发流向一定是回报高的地区和部门。如何让百里挑一的人才愿意前往非洲穷苦地区奋斗？中国古代的文官制度是通过轮换、晋升实现官员异地调配的，华为通过轮岗、"之"字形发展，优先从主攻战场、一线和艰苦地区选拔干部，大仗、恶仗、苦仗出干部，各种激励、晋升、资源向这些"盐碱地"部门或区域倾斜……这些都完全符合热力学第二定律。当组织目标和个人期望相左时，组织就需要额外干预，通过规则保障组织发展。

任正非非常欣赏耗散结构，早在2011年的华为市场大会上他就说："公司长期推行的管理结构就是一个耗散结构，有能量就一定要耗散掉，通过耗散，我们自己会获得一个新生。什么是耗散结构？你每天去跑步锻炼身体，就是耗散结构。为什么呢？你身体的能量多了，把它耗散了，这些能量就会变成肌肉，变成坚强的血液循环。能量消耗掉了，身材也苗条了，这就是最简单的耗散结构。为什么需要耗散结构呢？如果大家说忠于这个公司其实是因为公司的高薪，那么这份忠诚不一定能持续。因此，我们要把这种对企业的热爱耗散掉，用奋斗者、用流程优化来巩固。奋斗者是先付出后得到，与先得到再忠诚，有一定的区别，这就进步了一点。我们要通过把潜在的能量耗散掉，形成新的势能。"

为了达到熵减，持续恢复活力，耗散结构的构建必不可少，但建立耗散结构的过程是很痛苦的，因为它是对抗人性的逆向作功，人性永远偏好自由。任正非正是深刻理解了以上原理，通过洞察人性，激发出华为人的生命活力和创造力，才使得组织始终充满活力。

学习文史哲：无用之用，方为大用

管理者应该如何提升管理水平？国内管理者读得最多的是经营管理类书籍，国外管理者则爱读文史哲类书籍。

我对华为长达 17 年的研究发现，任正非很少鼓励干部读纯管理类书籍，却对历史、军事、哲学等人文类的书籍情有独钟。掌握各类管理技能固然很重要，但要想达到一个较高的境界，仅此是远远不够的。

原因在于，管理不是黑与白，而是灰色的，它是一门科学，同时也是一门艺术，而各种艺术的最高境界是相通的。

文史哲类知识被称为"无用之用"，它不但让我们开阔眼界，培养更大格局，感受时空的深邃和浩渺，敬畏市场、敬畏环境；更培养我们面临扑朔迷离的局面时能一针见血、直击本质，靠底层逻辑开展市场竞争，而不是战术层面的竞争。那些世界 500 强企业管理者面对棘手管理难题的游刃有余令我们心生敬意，这与他们的"功夫在诗外"分不开。

2001 年前后，有感于哲学对于干部的重要性，任正非邀请了中国社会科学院教授余敦康、北京大学哲学系教授汤一介、王守常及吴增定以及香港中文大学教授卢龙光等多位文史哲领域著名学者，在华为深圳坂田基地百草园给高级干部开设"华为公司哲理系列讲座"，讲授中国文化、中西文化比较及近代西方哲学等课程。

除了讲座，华为还擅长借助影视剧等学习、领会文史哲知识。

任正非曾多次向华为高管推荐电视剧《大秦帝国》。这是根据作家孙皓晖的长篇小说改编的大型电视剧。孙皓晖与共和国同龄，曾任西北大学法律系教授，是首批享受国务院特殊津贴专家，他的人生有一个梦想：让大秦明月朗照后世，为中华文明正源。1993—2008 年，历经 16 年，他终于写就巨著《大秦帝国》，共 6 部 11 卷，504 万字。这是目前唯一一部全面呈现秦帝国时代的长篇历史小说。2009 年，《大秦帝国》被中央电视台改编为电视剧，第一部《裂变》开播，获得观众一致好评。此后，第二部《纵横》、第三部《崛起》分别于 2013 年、2017 年上映。

2017 年，中央电视台正热播电视剧《大秦帝国》的第三部《崛起》时，任正非邀请孙皓晖到华为深圳总部，给华为高管们做了一场题为"大秦帝国对现代企业的历史启示"的重磅讲座。古语曰："以史为镜，可以知兴替。"战国初期，秦国是七国中实力最弱的，然而经过秦孝公支持商鞅变法，秦国确立依"法"治国制度，以战功论行赏；君臣任人唯贤，上下同欲；外交狡诈多变，战略思路非常清晰。之后再经过韩非子辅佐嬴政（秦始皇），横扫六国，建立了一个中国历史上第一个统一的帝国。

孙皓晖在华为讲座中强调中华民族拥有的虎虎霸气和改天换地的创造力，鼓舞华为人争当民族复兴先锋。而伟业绝不是一蹴而就的，其中蕴藏着秦穆公、秦孝公、秦始皇等几代人的不懈努力，提醒华为人伟大的背后都是苦难。同时，秦帝国从正式建立到轰然倒塌，只有短短 15 年（公元前 221 年—前

207 年），启发华为管理者始终要有"冬天"的心态，时刻葆有强烈的危机意识。秦国的关键人才几乎都是外来的，秦孝公排除各种阻力帮助"外来人才"商鞅，在商鞅变法中，商鞅相当于系统架构师（SA）、项目经理（PM），是SA+PM 角色，是有解决方案的人；秦孝公是老板，是赞助人（Sponsor），是为变革成败担负最终责任的人。在这个过程中，秦国是如何引进人才，如何有效授权，值得现代企业好好借鉴。

讲座期间，任正非还专程在华为高级培训楼前的空旷的大草坪上设茶座款待孙皓晖一行，两位对法家思想无比崇敬的老人（当时孙皓晖 68 岁，任正非 73 岁）畅谈大秦，谈笑风生，相见恨晚。

下篇

华为怎么学

下篇导读　本书下篇主要围绕华为 30 余年"怎么学"这个关键问题展开。如果把华为向别人学习的各种各样的技巧（含工具、方法论）放在眼前，砍掉一些细枝末节，就会发现这些技巧的共性主干是三个思维：靶向思维、求渔思维、迭代思维。

靶向思维：先瞄准，再开枪。以解决问题为导向，以求结果为指引，有着极强的功利性，一切学习都是为了打赢接下来的这一战，用华为人的口头禅来说就是"让打胜仗的思想成为一种信仰"。

求渔思维：求之以"渔"，而非求之以"鱼"。华为人在学习时，学因不学果，重在探索事物背后的发展脉络，就像庖丁解牛时首先会花时间摸清牛的肌肉、骨骼、经络，找准关键再下刀，自然就能游刃有余。找准原因后，解决方案就会自然而然地浮现。人们常说"一切商业问题的背后都是人的问题"，学习也是如此，人是一切学习的根本原因，因此这个模块重点关注"人"在求渔过程中发挥的关键作用。

迭代思维：这是华为让竞争对手无比忌惮的关键。华为在刚开始进入一个行业、做一个新业务时都很"土"，是小学生水平，会犯许多幼稚的错误，惹得业界耻笑。但是几年之后，这些企业再与华为交流时，华为已经是博士水平了。什么在起作用？是迭代思维。受任正非长期主义价值主张的影响，华为人非常愿意做时间的好朋友，不断地改进，不断地优化，不断地夯实，蓦然回首，已经走了很长的一段路。时间，是竞争对手的敌人，却是华为人的好朋友。

把靶向思维、求渔思维、迭代思维连起来，就是华为人学习的三部曲。

第一，我们究竟要干什么？

第二，做成它的关键流程和制胜要素是什么？

第三，撸起袖子加油干，不断迭代改进，把一切交给时间。

靶向思维：
先瞄准，再开枪

HUAWEI

问题

问题

问题

问题

问题

关键问题

書享界

漫画绘制：王碧华

134

第 6 章

靶向思维：先瞄准，再开枪

〔**本章导读**〕 　一切学习都是为了解决问题，这是华为向别人学习时坚持的首要原则。任何企业的"子弹"都是有限的，所以在学习投入方面只能先瞄准，再开枪。本章系统解析华为如何围绕这个原则精准学习，包括以世界上最好的公司为标杆、先僵化后优化再固化、领导者将心注入、功夫在诗外、一旦试点必须成等经验和方法。

目标导向：一切学习都是为了解决问题

无论个人层面的学习还是组织层面的学习，都必须"以我为主"，知道自己要什么，否则一定会"学丢了"，会在知识的汪洋大海中迷失自己。学习别人，不是为了成为别人，而是为了超越别人、成为更好的自己。

在学习这件事上，华为人的头脑非常清醒，先瞄准，再开枪，目标导向非常强，一切以解决瓶颈问题为靶心，一切以改变现状为出发点，一切以解决自身发展为驱动力。

这种学习理念的挑战在哪里？人都有路径依赖，过去越成功的人对自己过去采用的做事方式方法越自信，但过去的成功不是未来前行的可靠向导。为了解决这个问题，任正非非常关注如何改变华为人的思维定式，甚至不惜代价"放狠话"。

1999 年下半年，任正非邀请 IBM 到华为指导构建集成供应链体系（ISC），在该项目软启动阶段的工作汇报会上，任正非是这样强硬开场的：

我们还是一句老话，先僵化后优化。各部门对这个问题的看法不一致，一切以顾问的看法为准。如果各个部门认为这个问题不重要，但顾问认为很重要，那么这个问题就很重要。我认为在现阶段推行集成供应链，遇到的聪明人可能比其他项目中的聪明人还要多，因为有很多聪明人都干过供应链，拥有经验，只不过这个供应链不简洁、不流畅、不系统。因此，这个过程中的阻力比没有从事这个工作的阻力还要大，但是我们要设定一个界限，以顾问认识为主。全套优化方案，三年以后再谈；三至五年内一定要以理解为主，而不是以创新为主。这一点，我们的态度很清晰、很明确。集成供应链的问题解决了，公司的管理问题也就基本上全部解决了。

华为在学习引进业界做法时，对于大部分人追逐的"最先进方案"有独到的见解。关键是我们能使用好，能够解决自身的问题，这才是我们最需要的方案。华为的学习方法是带着问题找老师，不是泛泛猎奇，是有焦点的。这种问题意识导向加上顾问的经验，使华为进步很快。

西贝餐饮集团创始人贾国龙有同样的观点："学习是一种生活方式，和吃饭要吃杂粮一样，五谷杂粮都是营养，关键是这些营养能为我所用。好比你吃豆包也长不出豆包，重要的是你的消化吸收能力。"

我走进企业讲授"华为管理之道"时，经常问企业家学员一个问题："如果你们公司请顾问进场做咨询项目，和咨询公司签的咨询服务合同采用的是'封口式'还是'半开口式'？"很多企业在和咨询公司签合同时都会采用"封口式"合同，即咨询服务项目的完成具有确切的截止日期，根据项目时间的推进结算咨询费用；但是，华为和咨询公司没有采用这种方式，而是签订"半开口式"合同，也就是项目金额不封顶，只有匡算数，而以咨询公司能够解决企业存在的实际问题为目标——因为是否真正解决问题无法由预期时间设定来裁定，咨询公司也不是神。这样不仅仅是按顾问投入人数、进场工作的天数来支付咨询服务费，更是根据咨询服务的评估质量进行结算，更能激发咨询顾问从根本上寻找企业问题的真正原因，匹配真正适合的解决方案。

仍以上述华为与 IBM 的合作案例 ISC 项目说明，在该项目软启动阶段工作汇报会上，任正非是这样说的："全公司上下一条心，一定要把集成供应链做成。时间不是很急，按照时间表一步一步走，如果某一步确实不好走，可以延长时间，合同时间可以修改。如果还理解不了某一问题，比如顾问认为五周就可以理解这一问题，实际上搞了五周还没有理解，那么就延长两周行不行呢？我认为也是可以商量的。"

我们从中可以看出，华为的学习不是面子工程、形式主义，而是追求实用主义、长期主义。当看到学生这么有诚意、有决心，要钱给钱，要时间给时间，作为老师的 IBM，能不好好地把压箱底的干货拿出来吗？

华为在向老师学习，尤其是向西方企业系统学习管理时，有一套学习"元规则"（Meta-routines）。什么叫"元规则"？也就是无论早期学习集成产品开发（IPD）、集成供应链（ISC）、财务"四统一"，还是后来学习从线索到回款（LTC）、集成财经服务（IFS）……所有的学习，都以这些学习规则为底层逻辑。下文将对华为的六条学习"元规则"进行详细解读。

华为学习元规则 1：以世界上最好的公司为标杆

所谓"以世界上最好的公司为标杆"，是指聘请西方知名咨询公司，通过学习业界最佳实践帮助华为缩短与国外最好公司的差距。关于这一点，本书第 1 章也做过解读，此处换一个角度对此进行补充说明。

华为是一家胸怀大志的企业。1998 年《华为基本法》颁布时，华为就在第一条明确列出自己的梦想："华为的追求是在电子信息领域实现顾客的梦想，并依靠点点滴滴、锲而不舍的艰苦追求，使我们成为世界级领先企业。"请读者注意，华为的追求不是深圳市第一，不是广东省第一，不是华南第一，不是中国第一，不是亚洲第一，而是全球第一。

志向不同，对手就不同。正所谓"你的对手是谁，决定你在江湖中的段位"，这让我想起电影《精武门》，霍元甲的理念是"哪里有武馆，我就打到哪里，打赢了这条街，我们就是武功第一"。霍元甲的弟子陈真则不这么认为，他的理念是"哪里有日本人，就打哪里，打赢日本人，才是民族英雄"。不难发现，霍元甲和陈真在对待竞争对手的格局和视野上是有差别的。

任正非志存高远，为华为注入的经营理念是，要么不进入一个行业，要么一定要做到全球前三名，成为有话语权的关键玩家。

正是因为这个高追求，华为在选择老师对标学习时，必然会在全世界范围内寻找最好的老师，把全世界最好的公司实践作为标杆，比如流程方面对标 IBM，运营商业务对标爱立信，手机业务对标苹果……这在后来演变成为华为人的思维惯性。在启动任何新业务时，华为不是一上来就闭门造车搞产品，而是先观察全球行业中的最牛玩家如何运作，寻找华为与其之间的差距，应该怎么改进。中国乒乓球队之所以能经常包揽世界男女单打双打冠军，就是因为每一位现役队员的陪练教练几乎都是前世界冠军。

树立了高远的志向后，在方法上如何才能取得真经？华为的"捷径"是，不惜重金聘请西方知名咨询公司，学习和采纳业界最佳实践来帮助华为缩短与国外最好公司的差距。华为选择老师是非常慎重的，经常将业界的方案尽数拿来认真比较，确定匹配后才下定决心学习。正因为前期对学习对象及其解决方案有了深入的思考和判断，确认利大于弊，引入方案后才敢于"削足适履"地执行。典型的案例是 IPD 项目，任正非亲自带队去美国考察多家公司，最后才选择 IBM 作为其管理变革的系统架构师。

华为学习元规则:
先僵化后优化再固化

漫画绘制:王碧华

141

华为学习元规则 2：先僵化后优化再固化

有一句俗话："不花钱，你就不会珍惜；花了钱，你就会格外珍惜。"据不完全统计，从 1998 年拜师 IBM 开始至今，华为累计向全球咨询公司支付的咨询服务费超过 400 亿元，以至于有人说"华为管理大厦"是用金子贴出来的。既然"学费"这么贵，必然会认真对待老师所教的。但是，学习从来就不是一件舒服的事情，是在自己不熟悉的领域挣扎，往自己的伤口上撒盐。在学习过程中，遇到困难怎么办？华为人选择硬扛下来，"钱都已经花了，硬着头皮也得啃下来"。举个例子，1998 年 8 月起，任正非邀请 IBM 公司顾问进驻华为，以帮助华为开展管理变革，当时 IBM 顾问输出的报告文本全部是英文，彼时华为很多员工的英文水平不太好。华为人白天和 IBM 顾问并肩工作，陪同顾问找各部门调研访谈，晚上把顾问输出的所有英文文档翻译成中文，然后对每一页 PPT 进行认真讨论：这是什么意思，应该怎么理解，为什么顾问这么说，华为为什么没有做到，原因在哪里，过去的做法是不是可以继承……如果有不懂的问题，赶紧把疑问连夜整理出来，第二天一早向顾问追问请教。那段时间，华为项目组同事普遍每天工作到晚上十一二点，周末也不休息，一定要把顾问本周教的知识串联起来理解，到了星期一再和顾问沟通确认，连续几个月坚持如此。

华为人为什么在学习上愿意对自己这么狠？因为老板任正非要求华为在学习别人时采用"精确复制"策略，"先僵化后优化再固化"，尽可能如实地在华为内部复制业界最佳实践和制度。

为了便于读者理解这一点，此处再举一个我亲身经历的案例。华为的内部 OA 门户名称比较奇怪——W3，我刚进华为时不理解，就问我的思想导师^一，他回答："因为 IBM 的内部 OA 门户就叫 W3，为了顺应 IBM 顾问的习惯，避免其向华为人传递知识时还要转化专用术语，老板就要求全部照搬，完全顺应顾问的语境习惯。"也因为如此，在华为内部有非常多的术语缩写，华为内部论坛"心声社区"曾有人专门整理过华为术语表，如果每一个术语都用一行字解释，用 A4 纸打印出来有上百页，当翻阅完这些向西方企业学来的术语，就会不由感叹任正非"精准复制"的决心，也就理解什么叫"削足适履"了。

华为学习元规则 3：领导者将心注入

顾问在给华为授课时，任正非和公司经营管理团队高管都会深度参与学习。

举个案例，1998 年 8 月，华为请 IBM 进场指导，启动一个 IT 策略与规划项目（IT S&P），该项目金额只有 500 万 ~600 万元，是一个先导性咨询小项目。在项目初期，其实高层之间的认知差别很大，很多高管持观望态度，还有一部分高管明确排斥，所以这个项目的所有重要研讨，任正非都会亲自全身心投入。当时，一个让人感慨的场景是，IBM 顾问提供的报告资料有很多 IBM 专用术语和软件词汇，虽然华为项目组也提前做了大量的翻译工作，但还是有不少拗口的语言存在于资料中，有些研讨的内容任总当时也不一定能听明白，但他坚持坐在会议室内，认真听顾问的讲解，这样，其他领导也就不好意思借故离开。既然来了，就参与进来、认真向顾问学习，慢慢地，大家对学习的内容就达成了更多的共识。

除了老板任正非亲自参与学习，华为还从组织层面为学习的持续性保驾护航，因为老板无法时时督促大家学习。在每一个大型变革项目前，华为都会成立三个层级的变革机构：变革指导委员会（RSC）、变革项目管理办公室（PMO）、变革项目组。而且，华为变革项目组成员的挑选采用"业务精英＋种子"的模式，让"得势"的人参与变革，而不像很多公司把某些部门不得势的"闲置"人放到变革项目组中。学习和变革，是为了寻找公司未来3~5 年的粮草，如果不是位高权重的"得势"人物来推动，怎么有足够的资源匹配这个学习探索？这也是业界很多公司学习别人优秀实践却总是无法落地、只能当成故事来听一听的关键症结——参加学习的人不对。

　　华为向 IBM 等西方企业学习，除了自身的产品研发周期更短、资源浪费更少、客户满意度更高，还产生了一个非常积极的长远影响：为后续走向全球化、让西方主流通信运营商客户接纳华为打下非常好的基础。华为通过英国电信的供应商认证就是其中一个典型案例。很多人好奇为什么华为可以通过这么严苛的验证？这与华为从 1998 年开始从 IBM 等公司引入 IPD 和 ISC 分不开，到 2003 年英国电信进场对华为做供应商认证时，这些流程在华为内部已磨合了近 5 年且初具成效。

华为学习元规则：
汝果欲学诗，功夫在诗外

漫画绘制：王碧华

华为学习元规则 4：功夫在诗外

"功夫在诗外"是南宋大诗人陆游晚年给儿子传授写诗经验时写的《示子遹》诗中的一句。这首诗的最末两句是"汝果欲学诗，功夫在诗外"，以此向儿子传授诗歌创作秘诀。诗翁积数十载的经验，深深体会到要写好一首诗，光讲究诗的表面形式和技法是远远不够的，只有在深入生活、在阅历上下狠功夫后，才能写出让人产生共鸣的好诗。

华为向西方企业学习的场合，大致可被分为两种：正式场合和非正式场合。

正式场合的学习是按合同规定交付的，属于商务层面"公对公"的范围。华为依照 IBM 派来的顾问团队人数（100 余人）按 1∶3 甚至 1∶5 的比例配备华为团队，这一方面是为了让更多的华为人在业务上得到"嫡系真传"，另一方面也是在向顾问学习如何成为一个职业化的人。为了让顾问处于最佳工作状态，华为特地腾出一栋独栋大楼供顾问工作，按西方风格对办公室进行重新装修，专门顺应顾问的生活习惯，设立下午茶点、咖啡等。

但非正式场合的学习更值得关注，也就是"功夫在诗外"的学习。

如前文所述，1998 年 8 月，华为下定决心向 IBM 学习管理，首先启动了前导性咨询 IT 策略与规划项目（IT S&P）。项目启动不久，任正非要求华为高层每两周请 IBM 顾问吃一次饭。每次吃饭，旁边都有两个年轻员工用笔记本做笔记。华为在饭桌上向 IBM 顾问学到了不少真功夫。早期项目组成员回忆，关于呼叫中心的建设，一开始并不在咨询合同范围内，华为高层请顾问吃饭，酒过三巡时借着醉意冷不丁提问："想请教老师一个问题，什么叫'Call Center'？"这时，顾问也不会像在会议室对话那样一板一眼，就坦诚地谈了他的理解。等顾问说完，旁边的一位华为中层干部则进一步用激将法来挑战："虽然您是我们的老师，'我爱我师，我更爱真理'。您这肯定是在瞎掰，虽然我也是半桶水，但至少知道还有某某关键要素都没包含进来，没有这个要素不可能跑得通……"于是，顾问承认他确实不是这个领域的专家，但他知道 IBM 内部谁绝对是这方面的专家。然后华为人就记下这位专家的名字，日后请 IBM 项目组把那位专家请过来，并提出华为高层想请他吃饭，来回差旅费用由华为全部承担。那位专家受宠若惊，竟然被客户点名邀请来中国交流，自己也信心满满：没错，我就是这一块儿的专家，找我就对了。他也很高兴，来到中国后就完整地把其中精髓向华为和盘托出了，华为快速上手，而且一上来就是高手段位。当然，华为也不会占小便宜，事后按这位专家的职级加倍给 IBM 支付了咨询费。

以上只是一个小案例，华为在 IT S&P 项目上向 IBM 学习，主要不是体现在合同交付件中，而是通过在饭桌上的闲聊，在放松状态下进行的。在那个阶段，不但华为高层请顾问吃饭，华为项目组在周末也经常带顾问逛深圳，找好吃的地方，这些都是有项目经费支持的；同时华为鼓励项目组邀请顾问到家里做客，和顾问交朋友，构建个人关系，这就是为了在非正式场合学得真本事。当然，IBM 心里也很清楚，这个小项目只是前导性项目，大项目还在后头，所以也希望 IBM 专家和华为人走得近一些，为后续的大项目营造良好的交付氛围。

任正非有一句名言："华为干部就是做三件事——点兵、布阵、请客吃饭。"请客吃饭这件事，无论是做客户关系，还是向老师学习，都非常重要。那些压箱底的东西，往往都是在私下不经意间学到的，而且往往无法用文字表达出来。人都有情感，饭桌上作为朋友进行交流，多传授几招都属正常，这与在会议室中的商务对话完全不同。

华为人很少参加外部机构举办的培训班，除了华为大学安排的岗位培训课程，华为人的成长其实靠的就是做咨询项目时与顾问交流，以及供应商选型时与供应商交流，招投标时与客户交流。《荀子》曰："蓬生麻中，不扶而直。"与这些高手在一起朝夕相处、共同探讨，就是最有效的学习方式。人们经常用"如饥似渴"形容对待知识的态度，如果真的要达到这个境界，就要像华为人那样，不能让学习仅停留在办公室里的"公对公"层面。

华为学习元规则5：春天打扫不了秋天的落叶

组织学习，与个人学习不同，需要等待时机成熟，也就是在内部的准备足够充分的情况下才能启动。

华为创立于 1987 年，1990 年开始从代理销售走向产品研发。但一直到 1999 年，华为才从 IBM 引入 IPD 并启动系统性的产品研发规划，也就是在混沌状态走了 10 年才对产品动刀。

华为没有一开始就将注意力集中于产品，这是因为在这之前，华为发展的关键瓶颈是适应市场。1999 年之前，华为通过市场部集体大辞职、起草《华为基本法》等举措实现由乱到定；1999 年之后，华为要继续发展就需要由定到规模。要规模，就必须解决产品问题，因为在那个时期，产品方面的问题是"后院起火"；在解决产品问题的同时，华为发现供应链体系跟不上，于是同步启动集成供应链服务管理（ISC）；之后逐鹿全球，2005 年华为海外营收占公司总营收 58%，华为和很多大客户（大 T）进行战略合作，在流程上对接，需要和客户捆绑结算，这时华为发现财务面临重大挑战，于 2007 年启动集成财经服务（IFS）；2009 年，华为已经位居信息通信行业全球第二，需要让大家对未来的道路达成共识，于是启动了战略管理，从 IBM 引入业务领先模型（BLM）。而后，华为发现之前的一系列举措让组织变得太臃肿、总部权力感过强，需要激活组织，于是向世界上最好的"公司"——美军学习如何构建一线呼唤炮火的作战体系……华为，一直在学习的路上，没有停步。但是它学什么，不学什么，都取决于学习时机的成熟度。

如果真的有靶心思维，就会理解：我们再勤奋，也无法在春天打扫秋天的落叶。

华为学习元规则：
开弓没有回头箭，一旦试点必须成

漫画绘制：王碧华

华为学习元规则 6：一旦试点必须成

组织学习表现出来的一种典型形态是管理变革，其中有一个试点环节——顾问给出方案后，企业找 2~3 个典型场景来验证。很多人对此有认知误区，认为试点就是试试看，如果不成功可以及时停止。这么"随缘"永远无法真正推动变革落地。脱下人字拖换上锃亮的黑皮鞋尚且挤脚，何况管理变革的本质是对组织权益的重新分配，怎么可能靠随缘来轻易完成？

试点，从来就不是试试看。一旦启动试点，就只有一条路：必须让它成。企业领导者如果没有把握让试点成功，就不要启动试点。这就像现代管理理论之父切斯特·巴纳德指出的，"领导者要懂得建立权威的原则，很重要的一条就是不能发布无法执行或者不能执行的命令，这样做只会削弱权威，影响员工的士气。当有些命令难以执行却又必须发布时，领导者要给予员工必要的教育和解释，采用一些积极的激励措施，确保命令得到执行"。同样，作为试点项目执行者，必须理解这层意思。一旦公司安排本部门试点，就必须排除万难让它成功。

此处举一个华为的例子。

2007—2015 年，华为邀请西方咨询公司埃森哲进场帮助华为构建销售管理体系和客户关系管理体系，这一过程前前后后持续了 8 年的时间。在埃森哲把 LTC 的变革方案输出后，华为在全球找了两个代表处做试点，一个是欧洲地区部德国代表处，一个是中亚地区部土耳其代表处。王占刚时任中亚地区部质量部部长，是 LTC 在土耳其试点项目组的核心成员。当时的变革确实非常混乱，主要是大家看不到变革给自己带来的价值。业务部门甚至对试点项目组说："变革的最大价值是解决你们这些人的就业。"业务部门对待管理变革的期望值过高，过于追求完美，导致试点困难重重。项目组内部也在私下嘀咕内心的委屈："难道你希望几千元就能请一个孙悟空？"必须让大家回到一个现实的共同认知上，必须让试点成功。王占刚给华为中亚地区部负责人孙铭提出试点策略：抓大放小，抓主要矛盾，选择核心落子，首先回答一个问题：理解华为深圳总部○要试点的 LTC，究竟是要代表处干什么。这个策略得到了地区部领导的认可，于是试点项目组着手以下几件事。

一是抓住试点的本质。虽然 LTC 流程复杂，但首要是改善业务质量；要改善业务质量，源头在立项，抓好立项环节的质量，就抓住了牛鼻子。

二是用对方听得懂的语言交流。所有抱怨流程的人，都是没看懂流程本质的人。如果理解了本质，就会有方法诠释。与一线员工交流，需要用业务语言讲流程；与深圳总部领导交流，就要用流程语言讲业务。因为员工不懂流程，只在乎业务，要与员工沟通，就要把 LTC 流程术语翻译成：拜访客户需要带着目的去、带着结果回。

三是必须有"胡萝卜"，没有利益则没有人拥护变革。地区部与一线代表

○华为人把总部称为"机关"，为了顺应读者的思维，此处还是采用总部的叫法。

处讨价还价，背后自然有利益交换。比如，深圳总部向一线代表处索要的销售报表资料，由中亚地区部平台承接，不用一线代表处与深圳总部对接，节约了一线代表处的时间。又如，一线代表处贴的报销单的分类、格式等经常不合格，有时要返回好几次，于是中亚地区部聘请两个留学生兼职，把代表处贴报销单的活也全部承接了，大大节约了一线客户经理的时间。地区部帮一线代表处节约出来的时间，并非被用于娱乐消遣，而是用于客户需求分析和竞争对手分析。地区部对一线代表处提出了要求：每一个重大项目，必须把权力地图、客户决策等信息搞清楚。

四是只有"胡萝卜"而没有"大棒"就没有对待变革的严肃性。试点项目组争取到地区部领导的支持，让领导相信平台而不是相信某一个人：中亚地区部质量部掌握了中亚地区部干部任命的一票否决权，掌握了各代表处销售任务的分解权。而一旦手中有棒，一线代表处就有所顾忌，就更加支持LTC 变革工作。

最终，华为中亚地区部土耳其代表处 LTC 试点大获成功，成为 LTC 落地的全球样板。鲜花的背后布满荆棘，还是那句话：试点，从来就不是试试看。一旦启动试点，就只有一条路，必须让它做成。

华为的信息开放策略

读者看到华为对外界越来越开放，甚至连公司股权档案库都向媒体开放，其实华为对信息的开放是有技巧的，主要分为两类：**问题暴露、信息披露**。下面分别展开解读。

问题暴露：及时、公开、坦诚

企业经营管理过程中肯定会遇到各种各样的问题，普遍采用的应对方式有两种。

第一种方式：先捂着，等解决好了再公开。

第二种方式：敢于即时公开承认问题，从而形成一种倒逼问题解决的压力。

华为在成立后的前两个 10 年，主要采用第一种方法，对于暴露问题的相关文件，都是分层传递，而且文件都是加密的，在传递过程中，层层打开，层层解密，即使是在内部报刊《管理优化》上发布，也会很严格地管控报纸的发放。

在成立的第三个 10 年，华为已经在世界版图中确立了较为稳固的行业地位，外界竞争对手或前员工很难再"复制"一个华为，此时华为面对问题转向采用第二种方法。任正非要求必须及时、公开地面对问题，把问题扑杀于萌芽之中。

比如，华为于2020年12月在"心声社区"上公布了任正非11月4日《在企业业务及云业务汇报会上的发言》全文，并在文前加上一段按语："百花齐放，百家争鸣，任总属不太懂的一家。他经过较长时间的调研、访谈，提出了一些粗浅的看法，抛出一块'粗砖'，供探讨、批评、参考。"这段按语虽然采用了第三人称写，但如此谦卑的姿态，很明显是典型的任式风格。在这篇讲话中，任正非对华为云业务和企业业务的不足做了详细剖析，言辞之间不乏较为严厉的批评之语。很多公司都生怕这样的讲话稿被泄露出去，尤其不敢被竞争对手和客户知道，但华为却选择将这些新型业务的内部问题公开化。

华为听了问题公开后各方的评价之后，就会将"硬币正反面"看得更清楚，从而加速问题的解决。同时，这也恰恰体现了华为对做好这些新业务的信心越来越足——只有强者才敢于暴露自己的问题，只有及时暴露问题才能让自己快速成为强者。

这不是个案。在华为历史上，出现了很多起暴露问题的自我批判案例，比较知名的有马电事件（2010年）、炮轰华为财务部（2015年）、孔令贤事件（2017年）、胡玲事件（2019年）等，这些事件的来龙去脉，我在作品《华为管理之道：任正非的36个管理高频词》《华为成长之路：影响华为的22个关键事件》中做过较为详细的解读，感兴趣的读者可参考。

综合以上案例，华为在暴露问题时秉承以下两项处理原则。

原则一：外部乱，内部不乱

不要因外部的噪声影响华为内部的正常经营，比如2014年左右兴起互联网思潮，业界批评华为没有互联网精神、落伍了，任正非给予正面回应：尽管互联网和物联网正在融入社会生产和生活的方方面面，然而我们应当看到，虽然互联网促进了信息的生产、交流、获取和共享，但没有改变事物的本质，即使在互联网时代，车子还是车子，内容还是内容，豆腐还是豆腐。

"不要羡慕别人风光，别有那么多互联网的冲动。有互联网冲动的员工，应该踏踏实实地用互联网的方式，优化内部供应交易的电子化，提高效率，及时、准确地运行。"

"不要炒作互联网精神，应该踏踏实实地夯实基础平台，让端到端的实施过程透明化，以免误导青年员工。"

"不要动不动就使用社会时髦语言'颠覆'，不要妄谈颠覆性，谁要颠覆这个世界，那最后先灭亡的是他自己。"

"不要纠结，不要攀附，坚信自己的价值观，坚持合理的发展，别隔山羡慕那山的花。"

"华为是不是互联网公司并不重要，华为的精神是不是互联网精神也不重要，这种精神能否保证企业活下去是最重要的。"

原则二：内部乱，外部不乱

任正非非常不希望社会公众把眼光聚焦在华为身上，更不希望公司内部的经营管理问题在社会层面造成负面影响。2019年"5·16事件"发生后，5月21日下午，任正非在华为深圳总部接受中央广播电视总台记者独家专访，当记者问及任正非希望民众用什么样的心态面对华为时，任正非的回应是，希望人们没心态，平平静静地、老老实实地"种地"去，该干啥干啥。

华为主张在商言商，在全面开放的市场中竞争，不主张将商业与政治挂钩。比如，2019 年美国对华为极限打压，国人纷纷表示：爱国就要买华为手机，不买苹果手机。任正非对此回应称："不能说用华为产品就是爱国，不用就不是爱国，华为产品只是一个商品，如果你喜欢它，那你就用；不喜欢你就不要用，不要把这和政治挂上钩。我的家人现在还在用苹果手机，不要狭隘地认为爱华为就得爱华为手机。"一家企业允许员工不买自家企业的产品，这充分体现出企业家对自己的企业和产品真正有信心。唯有通过无依赖的市场压力传递，使内部机制永远处于激活状态，促使企业优化资源组合，才能做出市场真正需要的产品。

为了有效地实现华为全球跨文化管理，华为专门设置了一个道德遵从委员会（OEC），主要职能是牵引华为员工从文化、语言、宗教习俗等方面主动融入所在地区。任正非表示："道德遵从委员会不是一个政治组织，无论在国内还是国外，华为员工都不要过问政治。我们不懂政治，不要从互联网听来一星半点的内容，一知半解，就去指点江山、激扬文字，这样可能会误导大众。我们要内外合规，不允许任何人在国内、国外参与非法活动。"

商业是最大的慈善。企业家踏踏实实做好自己的企业，员工做好自己的本职工作，让公司更好，不利用公众的同情心无事生非，尽量不让企业内部的问题扩散成为社会事件，不过问政治，为国家交更多税，雇用更多人，创造更好的社会环境，就是最大的慈善。

信息披露：延迟、分层、谨慎

华为不是上市公司，在"信息披露"方面会有意识地带有一定延迟性。

2020 年 6 月 19 日，任正非在华为内部做了一个讲话，谈了他对公司目前形势的判断，这个讲话的完整内容直到 2021 年 1 月 22 日才在"心声社区"上以总裁办电子邮件的方式向全体员工公开发布。请读者注意，这两者之间的时间差长达半年。华为普通员工事后看到这份公开的完整文件，回想起半年前部门领导参加公司会议后在部门开会强调的几个关键动作，恍然大悟，公司其实早就有清晰的判断，在下一大盘棋，只不过在当时做的信息披露是自上而下的传递，不会以完整内容原文件的形式向全员公开而已。这样的做法，对于非上市公司华为来说，实现了决策信息的保护与全员行为的协同之间的平衡。

华为甚至会披露更长周期的信息。2013 年，华为对经营管理团队 2005 年的会议纪要进行整理后在内网向全员公开，让大家看看 8 年前公司的最高管理团队面对复杂的国际市场环境时是怎么做决策的，以激发各级干部敢于做决策、善于做决策，让那些还没晋升到高级干部行列的好苗子能较早地学习决策思维。

正如任正非对华为干部提出的要求，"我们所有的高级干部要增加一些阅读量，公司的文件一定要读，不读公司文件的主官容易逐步被淘汰。公司文件都是千锤百炼的，要读懂公司文件背后到底想讲什么，读懂了不就有一点战略洞察了嘛。"

现代管理理论之父切斯特·巴纳德指出，一个正式组织存在的充分必要条件有三点：共同的目标、协作的意愿、信息的交流。信息的交流是非常关键的要素，通过上述解析，相信读者对华为如何交流两类信息（问题暴露、信息披露）有了较完整的认知。

161

第7章
求渔思维：探求学习的本质

〔**本章导读**〕

求鱼，还是求渔？

若察，还是若愚？

学果，还是学因？

华为人向别人学习时，非常注重探求事物的底层逻辑。本章系统地解析了华为的求渔思维，包括如何学因不学果，如何看待老师的局限，如何让学习演变为一群人的行为，如何从"以获取知识为本"走向"以达成共识为本"，并以3位对自己超"狠"的华为人学习成长的故事为例，帮读者看懂华为人如何通过掌握"第一性原理"、以规则的确定来应对环境的不确定。

学因不学果，学"魂"而非"形"

很多企业在学习时，希望直接抄别人的"果"，但其实"果"包含很多特殊的时代背景、行业特征、领导者特质、团队特别资源等，根本无法照抄。

华为向老师学习有一个特点，即学因不学果。学习其底层逻辑而非应用场景，重视方法论和理论框架，关心解题思维而非题目本身，学其"渔"而非"鱼"，学其"魂"而非"形"。正因为此，华为人每次学习都很注重理论框架，都会先把该领域的"房子图"（理论框架）和咨询顾问一起画出来，先在"应该怎么样"层面达成共识。只有这样，咨询顾问离场之后，华为才能靠自己的力量不断迭代，面对瞬息万变的环境也能灵活应对，做到青出于蓝而胜于蓝。

因此我主张，中国企业在向华为学习时，要学习华为的核心思想，而不是学习华为的具体做法。从行业来看，如果经营环境和华为的经营环境差异很大，华为用起来有效的做法，其他企业用起来就会很别扭。从管理成熟度来看，20世纪90年代华为的做法和如今华为的做法完全不同，但业界很多企业不理解华为做法的背景，把华为不同时期的做法混淆使用，这就容易步入邯郸学步的境地。

为了说明这点，此处结合华为的实践举四个例子。

第一个例子，关于产品研发。1999 年华为花了高昂的学费向 IBM 学来的 IPD，至今仍然支撑着 10 万多名华为研发人员的协作。华为采用 IPD 管理某一个产品线的 3000 人的研发队伍，某一家小型制药企业全部研发人员总共才 30 人，该不该学 IPD？很多人说没法学，理由是后者的规模太小了。如果理解了 IPD 的核心思想是"并行设计"四个字，在产品构建的早期，各个角色的人员全都参与研发，让产品研发的成功从偶然走向必然，就能够抓住 IPD 的牛鼻子，自然地得出一个结论：无论 3000 人的研发队伍，还是 30 人的研发队伍，都可以学 IPD。

第二个例子，关于产品服务。只要是产品就会有各种各样的问题，有问题就必须着手解决，这就是服务存在的意义。华为的服务流程从问题到解决（Issue To Resolution，ITR）是公司四大主流程之一[一]，该流程实现了从客户服务请求到服务请求关闭的端到端拉通。华为这个流程能学吗？首先要思考：服务的本质是什么？华为认为，服务的本质就是追求不同的人做出服务质量一致的高标准，结果可控，成本低，客户满意。关键词在于"一致"——没有一致，就等于没有服务。A 员工自觉性高，交付质量好；B 员工对待工作不认真，交付质量就差，这样呈现在客户面前的是不可控的结果，服务将不可持续。要达到"一致"这个要求，不能依赖个体的自觉性，而要依赖服务产品化、服务流程化、服务模板化。如果从这个层面理解服务，就抓住了 ITR 的牛鼻子，无论是华为 9000 亿元年营收规模的服务体系，还是 900 万元

[一] 另外三个主流程是 IPD、MTL、LTC。

年营收的服务体系，都可以学 ITR。

第三个例子，关于客户关系。业界很多企业都在学客户关系管理，学习怎么管理客户。华为也在学，华为在学习后发现，客户关系管理的核心不是管理已经进来的客户，而要从潜在客户的源头抓起，拉通从线索到回款的全流程；于是华为聚焦从线索到回款，把这个事情做透彻，把底层逻辑打通，适配自己，学习其本质。

当从这个层面去理解客户关系，就抓住了 LTC、CRM 的牛鼻子。比如华为 LTC 常谈到的"铁三角"，也可以是"铁四角"或"铁五角"，不在乎"形"，而要学到更加泛化的逻辑，抓住"铁三角"的核心是建立一个团队的协同与快速响应机制。

第四个例子，关于 ERP 管理。很多公司都使用 ERP 软件，但大多数公司都把它当成软件工具来使用。华为经过多年的实践，对 ERP 的认知是"ERP 代表西方企业的核心业务逻辑，中国企业使用 ERP 系统，本质是向西方企业学习背后那套业务管理逻辑"。华为 ERP 部门人员，不会拘泥于当前正在使用的功能模块，而是扩展学习潜在功能，挖掘潜在功能对业务的意义，反向输入业务部门，牵引业务变革。其实，华为在使用 ERP 的早期也走过不少弯路，交了不少学费。2005 年左右，ERP 的一些功能与华为业务需求不匹配，华为召集很多 IT 开发人员进行功能定制化开发，甚至更改了数据库的表结构，而这些定制化功能虽然在短期内给业务带来了便利，但 ERP 厂家 SAP 官方是不认可这些功能的，所以每次 ERP 版本升级时都面临大量困难，IT 部门也很辛苦。之后，任正非要求把定制化功能一一摘掉，通过"软件包驱动"策略，反向哺育业务，驱动业务改进，而不是迁就业务部门的旧习惯。华为 ERP 领域六级专家罗志勇，深入学习 ERP 的计划逻辑、核心观点，思考背后的逻辑给业务部门带来的价值，从而实现 IT 对业务的支撑，引导业务向前改进，得到了业务部门的高度认可。

综合以上四个案例，不难得出一个结论：是否抓住本质，是学习能否学到位的根本。做企业的终极目的是向客户提供更好的体验，而不同行业的体验又有很大差异。电商行业追求的是成本和效率，快递行业追求的是可控和速度，奢侈品行业追求的是消费者品位的差异化，这些都是本质。抓住本行业的本质，创造新的客户价值，就是学到位；当这个本质没有得到提升，一切学习都是空谈。回到前文的那句话：学因不学果，才能学到位。

大智若愚，小智若察

很多企业向别人学习时，都会不经意间陷入一个陷阱：专注于挑别人的缺点，一旦找到一个缺点就全盘否定别人。拿着放大镜找到别人的缺点，对自己企业的成长有什么益处呢？做企业的，是企业家，不是评论家，哪怕找到别人 100 个缺点，作用也不大，因为从完全枚举视角来看，可能别人的缺点远不止于此，走向成功的原因不是规避别人的缺点，而是能把其中一个或几个优点发挥到极致以此获得成功。

"现代管理学之父"彼得·德鲁克认为，卓有成效的管理者必须养成五个习惯，其中的一个习惯是"发挥人的长处"，包含发挥上司的长处、下属的长处及自己的长处。管理如此，学习也是如此。华为从不会把焦点放在"挑刺""审视""批判"上，不会为了扳倒老师而学习，不会为了否定别人而学习，而是以空杯心态看待别人总结的精华，学人所"长"。任正非多次对华为干部说："一个人来到这个世界上，是为了发挥自己的强项，不是为了克服自己的缺点。对待自己如此，推己及人也是如此。"

但这个习惯的养成，对于那些曾经将业务做得很成功的企业管理者来说，是很大的挑战。过去做得越成功，挑战越大。要意识到，自己为什么要学习别人。是因为要面对新环境做新业务，无论过去多么成功，现在做的是新业务，不是旧业务，要怀有空杯心态，从零开始，虚心学人所"长"。

学习的组织化和个人化

在企业场景中，学习是个人的事，但又不是个人的事。怎么理解这个相互矛盾的结论？

首先，为什么学习不是个人的事？企业是一个营利性组织，其一切行为都围绕组织目标达成而展开，包括学习。学什么，不学什么，不是由个人兴趣而定的，而是由组织目标和企业资源能力之间的差距决定的。

关于这一点，我在本书前言部分给读者讲过一个我亲身经历的故事。有一位企业老板想构建学习型组织，希望我给他们推荐 100 多本书，让公司全体员工都能自由选择阅读。最后，在我的建议下，他采用"贵精不贵多"策略，改成一年只读 4 本书，一个季度只读 1 本，公司自上而下读透它，取得很好的学习效果。

这个案例具有普遍性，因为学习不是个人的事，必须对准组织目标，有意识地把学习养成组织的行为习惯。

其次，理解为什么学习又是个人的事。2010 年，华为大学启动了管理者学习项目"华为干部高级研讨班"（简称"高研班"）。华为干部分批次参加高研班，学习三门课：华为人力资源管理纲要、华为财经管理纲要、华为业务管理纲要。每门课集中学习 8 天左右。每门课的学费是 2 万元，三门课合计

6万元，由学员自掏腰包缴纳给华为大学，而且在学习期间，员工需要请事假来华为大学学习，公司不发工资，不报销从外地到深圳的差旅费，全由学员自己承担。有意思的是，很多公司的企业大学或企业学院被定位为成本中心，每年都靠公司的战略补贴艰难维持，而华为大学仅2014年年营收就达到22亿元——绝大部分都是公司干部或员工贡献的。华为把华为大学定位为服务型业务单元（SBU），完全按市场化的逻辑运作。为什么华为培养干部还要收费？这与任正非的认知有关。任正非认为，华为人普遍受过良好的高等教育，公司付薪水是购买员工胜任岗位工作的能力；如果员工不胜任岗位工作，公司可以视其潜力给予培训的机会，但培训费需要由员工自己承担。如果公司承担了这些费用，则是对那些本就胜任岗位工作的奋斗者的不公平。因此在华为的认知中，对于一个成熟的职场人，学习又是员工个人的事。

如果华为员工要自学高研班的这三门课，虽然貌似也能看懂，但要深入理解其精髓还是比较困难的，只有那些有悟性的干部才有可能学会。能理解的人悟出道，就成了领袖；悟不出道就是战士，上战场去冲锋，华为也会给予其及时的激励。因此是否参加培训，原则上公司会让干部自己选择，不做强行干预。

大家都在学习，在进步。如果一少部分人因不愿意学习或舍不得在学习上投资而跟不上大部队进步的速度，自然就会被淘汰。

华为人"之"字形成长：
人生攒满了回忆就是幸福

書享界

公司级
高级干部

地区部总裁

总部产品线
总裁

海外代表处
代表

市场
解决方案经理

海外
产品经理

研发工程师

漫画绘制：王碧华

"之"字形成长：人生攒满了回忆就是幸福

管理大师彼得·德鲁克在其代表作《管理：使命、责任、实务》中写过这样一段话："开发总是以自我开发的形式表现出来的，这是因为由企业来承担一个人的开发责任，只是一句空话。责任在于个人，在于其能力和努力。没有一个企业能够代替个人的自我开发努力，更不用说必须代替自我开发了。如果那样，不仅是没有根据的家长制，而且是一种愚蠢的自高自大。"

在华为，同一期加入公司参加华为大学组织的新员工培训的"新人们"，8~10年之后却差距巨大：有些人已经是总裁级领导或产品线首席专家，有些人依然是基层员工。复盘下来发现，机会很重要，尤其是跨领域的锻炼机会。如果按既有路线发展，其实每个人的发展都不会差太多。比如HR、研发体系内稳定圈层发展，都有体系自身的发展速度，即使努力做出贡献，也是2~3年才能上一个台阶，是缓慢有序的。

一旦跨领域，成长速度就完全不同了。跨领域后，视野开阔，瓦解了之前的认知边界，研发和市场两边连通起来，思考问题的深度完全不同于以往。华为很多高级干部就是遵循这样的"之"字形路线成长起来的：研发工程师→海外产品经理→市场解决方案经理→海外代表处代表→地区部总裁→总部产品线总裁→公司级高级干部。

余承东、汪涛等华为高级干部都是这么成长起来的。

汪涛是华为公司常务董事、产品投资评审委员会主任，于1997年加入华为，历任无线研发经理、UMTS国际产品行销副总裁、欧洲片区产品行销总裁、华为意大利＆瑞士子公司总经理、无线网络产品线总裁、网络产品线总裁、产品与解决方案总裁等职务，之后晋升为公司常务董事、产品投资评审委员会主任、网络产品与解决方案总裁、ICT战略与市场总裁。

余承东是华为公司常务董事、消费者BG CEO，1993年加入华为，历任3G产品总监、无线产品行销副总裁、无线产品线总裁、欧洲片区总裁、战略与市场总裁、终端公司董事长，之后晋升为公司常务董事、消费者BG CEO、云与计算BG CEO、智能汽车解决方案BU CEO。

华为研发体系有大量人才流向市场体系，这种流动主要被分为组织层面流动和个人层面流动。

组织层面流动的典型案例是2016年2000名研发人员上一线。2016年10月，华为在深圳举行"出征·磨砺·赢未来"研发人员海外出征大会，任正非在会上做了主题讲话"春江水暖鸭先知，不破楼兰誓不还"。华为此次选拔了2000名有15~20年研发经验的高级专家及高级干部深入一线，让他们真正理解客户需求。类似这样的跨体系、跨部门流动在华为很常见。研发体系向市场体系输送人才的指标每年都有。

个人层面流动是指有一定技术基础的研发员工，主动提出前往市场一线建功立业。只要其个人主动提出申请，其主管不敢留人，因为这位员工懂研发、懂产品，而他又愿意主动贴近一线客户，向客户直接传递华为产品的价值，给公司市场体系带来新能力，让价值链的变现效率更高，没有理由不支持。

还是任正非说得好："人生攒满了回忆，就是幸福。"

三个对自己超"狠"的华为人

成长的机会对每个人都很重要，它又是从哪里来的？它由环境的客观性和个人的进取心两方面构成，前者可遇不可求，人们所能把握的是后者。只有公司拥有强大的品牌，没有销售人员的积极开拓，客户不会把订单交给公司。同样，如果不主动去争取，机会也不会是唾手可得的。华为主张吸引那些"胸怀大志、一贫如洗"的年轻人来持续奋斗，这些人的基本素养不错，有强烈的学习动机和成就动机，哪怕碰壁过几次，终归还是能跌跌撞撞找到属于自己的机会。一个总是依靠外界力量激励的人是走不远的，要成功必须靠自驱力、自我激励，因此任正非对华为的干部说："你的进步我不见得都知道，你就请自己吃碗炒粉吧。"

我在华为工作期间，见识过多个这样有超强内驱力的干部或专家成长的故事，此处选择其中三个分享。因为其中有的人至今还在华为任职，为了避免他们骄傲，此处统一采用化名。

华为人物成长故事一：潘伟国

潘伟国加入华为之前在教育培训机构当英语老师，2004 年加入华为，起初在东北的华为市场体系当客户经理。天冷时，每逢周末，大家喜欢聚在一起打牌打发无聊的时光，潘伟国却从不参与，经常周末去商城给客户选礼品。有一次他还请教主管，选什么礼品送给40多岁的中年女性客户比较合适，主管给完建议后和他开玩笑："你给客户选礼品，比给女朋友选礼品还用心。"

之后，华为大力开拓海外市场，需要大量人才奔赴海外，在公司内网发布了"英雄招募令"。潘伟国主动向主管申请去海外工作，而且选择去环境异常艰苦的国家。他的理由是，东北代表处周围的同事太优秀，他再努力也超越不了，必须开拓新市场，另辟蹊径，而该国当时正处于华为市场待开发状态，主动去那里的优秀人才还不多，对自己来说，这可能是一次机会。如果在那里干不好，就辞职去干外贸。主管看他去意已决，便鼓励他："你之前是英语老师，英语很好，语言交流没有问题，又这么用心服务客户，肯定能干起来的。年轻人就是要拥抱不确定性，才有超越的可能，大胆去干吧！"潘伟国交接完工作后立即启程，8年时间干到了海外地区部总裁的位置，华为级别24级。

每次脑海中闪现潘伟国的成长经历时，我就想起3G资本。这是一家由三个巴西人创办的投资机构，它不为大部分人所熟知，但在投资界可是大名鼎鼎，它是百威英博啤酒、汉堡王、亨氏、卡夫等世界级食品公司背后的大股东。3G资本投资企业评价团队时，经常使用"PSD人才观"来选人。PSD，即Poor（贫穷）+ Smart（聪明）+ Desire（欲望）。这样的一群人，在中国也经常被称为"小镇青年"，他们通常来自五六线城市，有强烈的改变命运的冲劲，有孤注一掷的果敢和"一针捅破天"的勇气。因为被巨大的热情驱动，他们往往也极度自律，大多持续学习、殚精竭虑、日思夜想，且终归能找到属于自己的一席之地。

华为人物成长故事二：吴勇东

吴勇东是华为老将，在华为工号切换之前工号是 500 号以内，在 20 世纪 90 年代初就加入公司，是华为供应链体系最早的一批业务专家。他 50 多岁，在员工平均年龄不足 30 岁、退休年龄定在 40 岁的华为公司里，属于"老人"行列。

1999 年华为邀请 IBM 进场帮忙构建集成供应链管理体系（ISC），经过近 20 年的发展，内外部环境发生了巨大变化，需要对 ISC 做升级，于是华为启动"ISC+ 变革项目"。这个项目 2015 年立项，2020 年结项，项目周期 5 年（3 年建设 +2 年运营），公司前前后后投入超过 5 亿美元，其中付给咨询机构埃森哲公司的咨询服务费就接近 4000 万美元。

"ISC+ 变革项目"启动后，公司安排吴勇东主导变革。这个变革与华为之前的变革有很大的不同：之前的变革项目偏管理和流程变革，ISC+ 变革项目则是数字化转型视角，把 IT 架构前中后台进行重构；之前的变革是业务和 IT 各干各的，成果是两个团队（业务解决方案团队 +IT 解决方案团队）的拼装，ISC+ 变革项目则采用 DevOps 方案，把 IT 中偏应用和数据的部分剥离出来，和业务部门构建成混编团队，直接放在供应链体系中一体化运作，也就是从项目一开始就是一直由这个团队在运作，因此不存在转运营，也不至于交接脱节，同时为公司输出新的工作方法论，培养了大量有新视野的专家。

如今，华为供应链体系 80% 的确定性作业可以自动化，50% 的决策可以自动化完成，从订单到履行的时间周期缩短达到 60%，整个物流效率提升 40%，更重要的改进是供应链成本降低，供应链管理成本占到公司销售收入的比重在 ISC+ 变革项目之前是 4.3%，但经过这几年的变革，降低到 3%。可能有读者认为只是降低了一个百分点而已，但这一个百分点乘以华为近 9000 亿元的年销售收入，每年为公司节约的成本就是巨额的。以 2020 年为例，华为年销售收入 8914 亿元，单供应链管理成本这一项就节约 $8914 \times$（$4.3\% - 3\%$）$=115.88$ 亿元。同样从人力资源投入上看，从 2015 年启动 ISC+ 变革到 2020 年，华为销售收入从 3950 亿元增长到 8914 亿元，翻了一番，但公司供应链体系人员基本没有增加，因为有数字化给予的强有力的支撑，不需要像之前一样靠人海战术。

　　更重要的是，ISC+ 变革项目的成功，让华为的 ERP 系统越来越轻载，为公司去 A（去掉对美国的依赖）做出了巨大贡献。美国对华为进行连环施压，在全球范围对华为断供，对华为供应链影响大不大？很大。但为什么华为能够非常从容地应对？其中一个关键原因是历经几年的供应链数字化转型之后，华为对供应链全流程数据有了清晰的掌握，知道哪些元器件受到直接影响，哪些板卡受到间接影响，哪些需要找到新的替代供应商，哪些可以按原计划……如果没有这些数据，供应链方面就会乱套，大家会担心企业垮掉。因为说不清楚供应关系，就会掉进别人挖好的埋伏圈内，有可能损失惨重。

这个人物故事的可贵之处在哪里？互联网企业是数字原生企业，拥抱数字化时没有历史负担，而华为有沉重的历史包袱，已有的流程制度和IT系统非常复杂。吴勇东作为50多岁的"老人"带队，孜孜不倦学习新知识，干着供应链领域最前沿的事，像年轻人一样进行实操，对供应链进行重新整理，真让人感慨不已。如今，他是华为最懂新型供应链的顶尖专家之一，是对数字化转型最有实操经验的专家之一。他的团队同事们谈起他，就像谈起"李小文院士"那样的"扫地僧"一样，眼里总会散发出满满的敬佩之光。

华为人物成长故事三：李建武

李建武是我在华为工作期间同一个部门的同事，2015年1月他进华为时职级是17级，2021年升为20级，六级专家，是华为中国区政企CTO，交通行业首席咨询专家，被评为2020年度最有价值专家（MVP）——全公司只有15人，是咨询领域唯一获此荣誉的人。华为企业BG总裁彭中阳、中国区总裁鲁勇拜会交通行业客户时，经常带上他。他也陪同交通行业客户董事长到华为深圳坂田总部与老板任正非做过交流，是与任正非近距离接触的少数专家之一。

这样一位给咨询领域"长脸"的专家，是怎么炼成的？我在写作本书时，特地面对面访谈了李建武。

李建武加入华为时，对自己的定位很清晰：咨询顾问必须懂行业，要比客户更懂才能给客户提供价值；要做到懂行业，必须聚焦某一个行业。经过尝试后，他选择聚焦交通行业，而且主业是服务偏交通服务类的客户。他以缝隙优势切入，以"IT+业务"为结合点为客户创造独特价值。他最早服务的是港口类客户，在做成功港口类咨询项目后，他并没有止步于成为华为港口行业解决方案首席专家，而是主动拓展公路类客户，之后是机场类客户，再之后是地铁类客户……他一直围绕交通行业扩展自己的疆界。

结合他的分享，可将他的学习成长关键点总结为以下三点。

第一，建立知识金字塔。进入交通行业时，他购买了所有能够买到的交通行业图书，出差时行李箱里通常有十几本交通行业的书。通过看书，建立这个行业的知识金字塔，之后客户谈到任何问题和挑战，他都知道应该用什么知识来解决。

第二，把握与高手切磋的机会。因为有交通行业首席咨询专家这个身份，能见到很多客户高层，至今他已做过200余场副总级别高端客户的访谈，一路从北到南，与包括交通部、交通设计院、交通行业等组织及典型企业的代表及专家做过交流，而这些交流对象都是在交通行业有20~30年经验的顶级专家。如果每个人贡献两个点子，就是400多个点子。这是多么宝贵的经验啊！之后随着华为内部对交通行业的资源投入越来越大，很多内部专家也参与进来，而他在一起交流、一起碰撞中提升得就更快了。

第三，有项目实战的机会。公司提供了与头部客户接触的机会，能做1000万元的咨询项目，这些都是行业标杆客户，本身理念在行业内就很领先，他在做项目过程中被迅速带向前沿，做得越来越深入，看问题也越来越准。

李建武自评智商和情商属于90分以上（满分100分），有学习心态、学习能力和学习行动，知道什么时候学什么，能敏锐地抓住机会，而且非常勤奋，也勤于总结，加上华为过去在交通行业耕耘不够深，有大量的增量机会，多方面的综合因素让他获得如今的成就。李建武在访谈接近尾声时，说了一句让我都备受鼓舞的话："要干成一件事，就得持续重复地搞，别人搞几年就撤了，你还在继续搞，不断上战场磨砺，你不成为专家没有天理。"

以上三个华为人的成长故事，是众多华为杰出奋斗者学习成长的缩影。可以确定的是，他们并非华为内部天资最高的一群人，他们之所以能取得这么高的成就，有一点共性：他们对成长有强大的内驱力，他们都为此付出了超乎常人的努力，业余时间仍在苦苦钻研攻关。因此，我特别想和读者分享一个观点："人的差异就在业余。"这是爱因斯坦对周有光说的话。

周有光是我国著名的语言学家，被誉为"汉语拼音之父"，但他是经济学出身。1945年，39岁的周有光被派往纽约工作，正好自己的老领导何廉在普林斯顿大学做客座教授，而何廉和爱因斯坦是同事。有一天，何廉告知周有光，爱因斯坦的空闲时间非常多，想要找一个人陪他聊天，他问周有光愿不愿意去，周有光满口答应。

见到周有光后，爱因斯坦先说了起来："我想告诉你一句话，人的差异就在业余，每个人的业余时间很长，通过业余时间的学习，完全能成为某个领域的专家。"爱因斯坦的话犹如醍醐灌顶，从那以后，周有光将全部的业余时间用在学习上，开始研究中国各地方言。就这样，本来学经济的周有光，利用业余时间进行语言文字研究，最终成为大家——"汉语拼音之父"。

任正非在华为多次引用周有光成长的案例激励华为人，希望大家真心对待学习，充分利用业余时间把专业钻研透彻。在华为2017年市场工作大会上，他再次谈道："一周只有 40 小时用于工作，只能产生普通劳动者，不可能产生音乐家、舞蹈家、科学家、工程师、商人……如果别人喝咖啡，我们也有时间喝咖啡，我们将永远也追不上别人。" ⊖

⊖ 任正非此处之所以否定喝咖啡，是希望员工脚踏实地服务客户，贡献价值，与"一杯咖啡吸收宇宙能量"指代不同。

学习不是老板一个人的事

一个组织如果曾经取得较好的成就，组织中的人往往会骄傲自满，会对外界的知识有排斥心理，认为老板把那些东西引进来是洗脑，对于学习阳奉阴违。

任正非的厉害之处就在于顶住了特别多这样的压力，华为向外界学习最大的突破就是突破高层的阻力，打破高层的认知边界。

1999 年华为下定决心向 IBM 学习 IPD，当时华为内部有各种各样反对的声音。它山之石真的可以攻玉吗？是不是向篮球教练学游泳？最棘手的挑战是"口头上没说不学，但就不好好学"，在打太极，最终没结果，这让任正非很恼火。

在 1999 年 4 月 17 日召开的 IPD 动员大会上，任正非一开始就对这一行为进行了非常严厉的批评，很明显，是在批评高管而非基层员工，他说："创新一定要在理解的基础上进行，而不是在没有充分理解时就表明一些东西，那你是在出风头。我想就该把那些出风头的人从这个小组中请出去。那些长期不能理解 IBM 的 IPD 改革内涵的人，也请他出去。这个小组不是终身制，我想能不能一个月清理一次名单，一个月发一次任命，我一年签 12 次字，每一次都是免费的。我们的核心项目小组一定要流动，一定要走掉一些人，一

182

定要进来一些人；不要把机会全留给那些标新立异者、思想惰怠者。很多基层干部对我说，华为公司不公平。为什么不公平？你们这些高级干部都是花了多少万美元培养出来的，我们要是有这些美元也来上上这些课，肯定比你副总裁厉害！我认为他说的话是对的。很多在座的人不断地参加国外公司的培训，并没有进步。没有进步者就赶他出去！一个月一次任命，每次任命一定要除掉一两个；就是全都是好的，也要除掉一个两个。真有好思想，好学习的人，就让他进来，来竞争。我们这个核心小组的人不行，让他把你挤出去。向人家学习，就要认认真真地向人家学习。"

西贝餐饮集团创始人贾国龙对此也有同感："学习不能是老板一个人的事。很多公司是老板学完了自己给干部讲，为什么？第一省钱，第二可以和手下形成落差——要是咱们水平差不多，我还怎么领导你们呢？但时间长了，老板和手下落差越来越大，底下接不住老板的意图会很麻烦。干部'集体迷失'太正常了。为什么？老板是拿着望远镜，能看到 500 米外的敌人来了，但其他人只能看到 100 米外，说'没有敌人啊，我们瞎折腾什么'。本质上，集体学习就是西贝组织能力构建，应对未来竞争的过程。"

任正非和贾国龙，虽然带领的企业做着的是不同行业的事情，但都要求学习要从高级干部开始，这点是一致的。

星星之火，可以燎原

营销学有一个著名模型——罗杰斯创新扩散曲线（见图 7-1），它揭示了一项新产品推出后是如何被不同人群逐步接受的。其中，人群分为五大类：种子用户（2.5%）、早期采用者（13.5%）、早期大众（34%）、后期大众（34%）、滞后者（16%）。

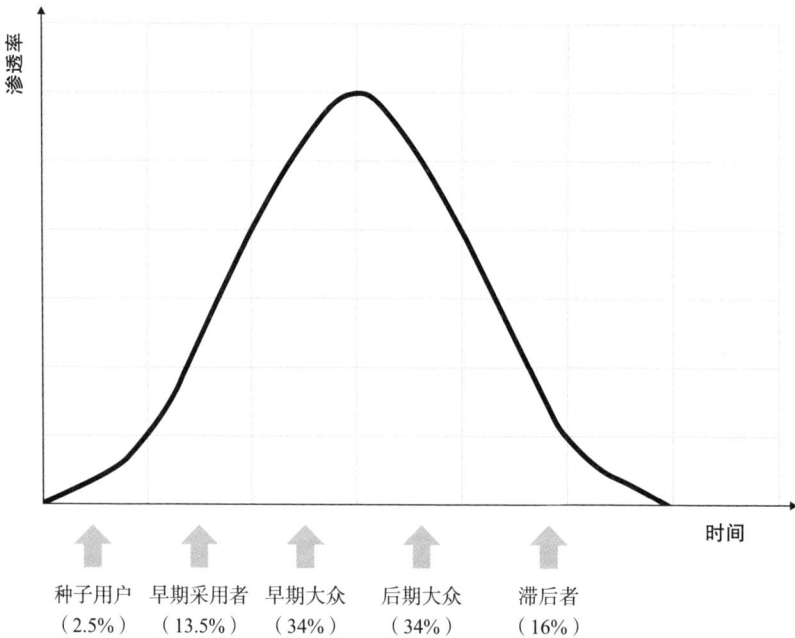

图 7-1 罗杰斯创新扩散曲线

在罗杰斯创新扩散曲线中,最庞大的市场是大众用户(早期大众用户 +后期大众用户),占比达到 68%。但新产品的起点必须从种子用户开始,尽管他们在人群中只占 2.5%。绝大部分大众用户对待新事物是"叶公好龙"的态度,而种子用户不一样,他们可以很敏锐地捕捉产品的技术要诀、价值要点,并且可以成为桥梁,将这些好处传递给大众用户群体,有了种子用户的推动,后者再理解这项创新产品时,理解成本就会大大降低。

学习也是如此,新知识普遍都有较高的理解成本,试图降低庞大群体的理解成本时,不能试图对整个群体同等用力,那样会费力不讨好。一定要对用户群体做细分,识别那些理解能力更强的人群,也就是"悟性高"的种子用户,先让他们理解,再让他们推动其他人理解,学习的效果就会更快地体现出来。

以上是从学习能力角度来看,而在学习意愿的角度也面临很多挑战。在大部分人的认知中,学习是反人性的,学习需要"场域",需要树立榜样,需要种子用户,构建一股"挟裹"的力量,形成前拉后推之势,让学习变成一群人的行为习惯,"假正经"一辈子就变成"真正经"。

很多企业请咨询公司,项目一结项,咨询顾问一走,学习就结束了。华为请西方咨询公司进场做咨询时,采用的是"顾问 + 精英 + 种子"的模式。在项目组中,除了与顾问直接对话的华为管理者 / 技术专家(精英),还从各个业务部门选悟性高的年轻员工作为"种子"参与进来,而且数量很庞大,经常安排几十个"种子"向一个顾问学,他们跟着顾问做笔记。比如 IBM亚太区人力资源总监来华为做项目时,他走到哪里华为人就跟到哪里,身边总是有好几位华为 HR 在做记录、观摩，几次之后，华为人就基本掌握了其中奥秘，华为内部又勤于做总结和分享，先进的经验很快就在华为落地。又比如，IBM 教华为如何进行干部梯队建设，提出了建设继任人计划（Talent Succession Plan，TSP），当时建议仍从只做一层领导开始即可，但三年之后回头看时，华为不但做了一层，而且把二层、三层、四层、五层领导都进行了建设，连专家群体的 TSP 也做了，IBM 很吃惊，这就是经验的内部传承。为什么华为能超越老师，是因为咨询项目结束之后，这些"种子"大部分回到各自的原部门，向部门其他人分享顾问的交付件，在不断讨论中发挥了群众的智慧，方案不断被迭代改进，从而得出了自己方案，并使之固化到华为的流程中，成为组织的知识资产。

冰山理论：成熟型知识 vs 探索型知识

组织的知识资产就像一座冰山，遵循"冰山理论"，可被分为成熟型知识（显性知识）和探索型知识（隐性知识）两类。从华为的学习实践来看，成熟型知识可以文档化，探索型知识在人的头脑中。从知识提供者到知识需求者的传递，相应地采用两种不同的方法：收集法（Collect）+ 对话法（Connect）。

收集法

成熟型知识是基于前人多年实践经验总结出来的知识，已经形成体系化的成熟方法论，这些方法论往往掌握在行业的领导者手中。比如企业管理方法知识，在自 1911 年泰勒提出"科学管理原理"以来的百年间，无论相关理论还是实践，大多都来自西方，尤其是美国。这就是 1998 年以来，任正非坚定地向西方学习管理的主要原因。在学习这样的成熟型知识时，任正非不鼓励内部有太多"聪明人"，不搞华为特色版本，而是在"削足适履""先僵化后优化再固化"的过程中"硬学"，形成基本的工作方法论，比如知识资产库、文档库、案例库、知识地图、小萝卜机器人、多维分类技术、知识搜索引擎等。

对话法

与成熟型知识对应的是探索型知识。由于环境的快速变化，有一些在实践中产生的知识来不及被总结提炼为方法论或知识体系，被称为探索型知识（隐性知识）。这些知识大部分很难显性化，通过让知识需求者和知识提供者直接对话的形式直接传递隐性知识是很好的手段。华为参照业界的优秀做法，总结出自己的实践，包括事后回顾法（After Action Review，AAR）、知识收割、知识拜访、鱼缸、知识咖啡、同行协助、知识交换、牛人计划（Numan）、微访谈、微话题、肯定式探询、开放空间、行动学习等。

关于探索型知识，人们普遍有一个误区，此处做一个特别提醒。人类的知识是一代一代小步快跑迭代而成的，如果从解决现有问题的角度来看，成熟型知识占比很大，探索型知识占比较小，它们的关系就像一棵参天大树的主干与枝叶，但在实际应用中，探索型知识的价值经常被媒体或探索者有意无意地夸大，认为成熟型知识已经过时、探索型知识正在颠覆全行业。

举一个典型的案例。2014 年互联网思维兴盛期间，不少人认为在新时代企业不再需要管理，不再需要关键绩效指标（KPI），不再需要组织结构，彼得·德鲁克那一套管理方法已经过时，并以小米扁平化的例子为佐证。不是不需要管理、组织结构、KPI，而是有些企业还未到达这个阶段，规模太小。早期小米确实是扁平化管理的典范，主张不要 KPI 考核，那是由于小米早期是创业公司，没有能力设立 KPI，因为战略没确定；2018 年，在创办 8 年之际，小米构建了层级组织来规范管理，设定了严格的 KPI 考核，以至于有人开玩笑,"小米活成了自己曾经讨厌的样子"。还是任正非看得透彻:"即使在互联网时代,车子还是车子,豆腐还是豆腐……不要动不动就使用社会时髦语言'颠覆',不要妄谈颠覆性,谁要颠覆这个世界,那最后他自己先灭亡。"

回到探索型知识的学习上来。因为这些知识是应新环境而生,由于来不及总结或者尚未经过时间验证,往往停留在探索者的脑海中。华为对待这一类知识主要有三种方法。

方法一:通过招聘行业高端人才吸纳新知

华为也把这种方式称为"买断人才",即把这个领域的高端人才高薪挖过来。华为经常是每引进一位高端人才,就搞一场高端大讲堂,让这位高端人才解读行业最前沿经验,吸引全公司的人去听,华为人称之为让先进思想占领大脑的过程。不过,这类高端人才的加盟,往往会打破华为原有的招聘标准(如职级、薪酬、奖金),甚至与华为原有的文化产生一定冲突,这时需要使用破格机制,华为的三位轮值董事长手中每年都有若干个破格名额。

方法二:资助世界顶尖人才探索

有些顶尖人才不愿意因加入某家公司而丧失研发自由,这时华为可以不招聘他们,而采用资助他们、让他们独立探索的方式。2019 年 4 月宣布成立的华为战略研究院就是一个这样的机构。华为战略研究院通过每年 3 亿美元的合作经费,支持全球学术界开展基础科学、基础技术、技术创新的研究。这相当于华为拿出一笔钱,向全世界著名大学的教授们"撒胡椒面",华为没有对这些投资要求回报,而且知识产权还是归这些教授,华为只需像其他西方公司一样享有把科研成果转化为产品的权利即可。华为是在做纯公益吗?

不是！华为是在变相地向教授们学习，借助教授们的力量收窄华为内部科研探索面，即使教授们的探索失败了也没有关系，对华为来说这些是小钱，至少证明哪几条路走不通。经验的浪费是最大的浪费，不管是自己的经验还是别人的经验，都不要浪费。这种做法成为华为技术研究体系的重要一环，担负起华为在未来5~10年技术领域的路标探索任务。

方法三：一杯咖啡吸收宇宙能量

对于既无法招聘进来，又不接受华为资助的顶尖人才，华为也有方法。华为通过与全球同方向的科学家们碰撞交流来解决，这被任正非称为"一杯咖啡吸收宇宙能量"，关于这一点本书前文曾单设章节做过详细解读，此处不再展开。

我们只招成年人，采用启发式学习

"我们只招成年人"是 Netflix 的核心文化。Netflix 是世界级流媒体巨头，与 Facebook、亚马逊、谷歌并称为"美股四剑客"，市值 2000 亿美元，全球付费订阅会员逾 1.5 亿人。Netflix 认为：所有加入 Netflix 的人，在思想认知上必须是成熟的，是成年人而非小孩子。读者不要吃惊，其实很多企业招聘的员工都是不成熟的成年人，老板要像哄小孩子一样哄他们，他们才愿意干活，而一旦有点成绩他们就会骄傲，有点挫折他们就会气馁，距离职业化和思想成熟有着很大的差距。

持有 Netflix 这种认知的企业并不少见，无独有偶，华为也是如此。华为人普遍接受过良好的高等教育，有较强的思辨能力，因此在内部学习时，被视为成年人。

华为大学常常采用"启发式学习"的方式。

高研班是启发式学习的典型。高研班分为两类：华为职级在 21 级以上的干部，以学习哲学类、思想类课程为主，职级在 18~20 级的骨干，主要以训战结合为主。华为干部分批次参加高研班，学习三门课：华为人力资源管理纲要、华为财经管理纲要、华为业务管理纲要，每门课集中学习 8 天左右。这三门课的学员手册中，几乎看不到理论知识，而是一个案例接着一个案例——华为研发体系的案例、华为市场体系的案例、竞争对手的案例、跨行业的案例……这些案例是华为大学的学习专家经过系统方法论精心萃取的成果。华为人学习时非常重视案例学习，"学成功案例＋复制成功案例"已成为华为人的思维惯性。自 2010 年开设第一期到 2018 年结项，高研班培训人数累计超过 8000 人，大大开阔了华为干部的视野，提升了战略洞察力，学员普遍反响非常好。

2011 年 1 月 4 日，任正非在华为高研班上的讲话，清晰地解析了这种学习模式的要旨和步骤。

"在干部培养的过程中，华为大学的老师是组织者，不是传授者，如果他们是传授者，学员水平就会被限制在一定高度。我们的学习就是启发式学习，这里没有老师上课，只有'吵架'，吵完一个月就各奔前程，不知道最后谁是将军，谁是列兵。相信真理一定会萌芽，相信随着时间的久远，会有香醇的酒酿成。

"我认为，案例学习可以分为以下四个阶段。

"第一阶段，从启发式学习开始，先读好教义，最好每天都考一次试，以促进学员的通读。

"第二阶段，演讲，演讲的内容不能是学了很多理论后背的其中的条目，这种演讲是垃圾。

"第三阶段，大辩论，把观点和故事罗列出来，如果只辩论纯理论性的东西就是零分。

"第四阶段，大辩论阶段个人观点展开了，各自吸取了他人的优势，知晓了他人的劣势后就需要写论文和答辩。"

以上是从干部能力素质层面来看的。竞争格局层面和客户需求层面也要求华为人必须走向启发式学习。

从竞争格局层面来看，过去华为在行业中是跟随者，只需按着前方老大哥走过的路，有样学样，踏实走好即可；华为如今已经变成领导者，需要承担起领航行业的责任。从客户需求层面来看，过去通信运营商客户有类似"九七工程"这样的统一战略规划，属于国家基建工程，投资几千亿元建设全国性通信网络，客户需求很明确；如今，基础设施层面已近完成，客户也在探索如何基于这些基建做应用层面的创新，客户自己也很迷茫，需要华为帮助客户基于应用场景创造新的需求。

无论领航行业还是引领客户，都是从确定性走向不确定性，从现实导向走到未来导向，都需要创新型人才，因此华为在人才结构上发生了较大变化。华为之前只招聘计算机、电子信息类理工科人才，如今鼓励人才混编，招聘了很多文科专业人才，如今团队中有了人类学、社会学、生物学等专业背景的人才。

人才结构变了，学习的方式也就会随之变化。专业混搭，横向交流，思维碰撞，相互启发，这就像 EMBA 课堂的效果，不是老师教学生知识，而是每个学生的背景不同，在同学们进行案例分享时相互启发，认识到"原来还可以这样看问题"，从而实现相互学习。

迭代思维：
学习无止境，做时间的朋友

自我
批判

自我
优化

自我
演进

漫画绘制：王碧华

第 8 章

迭代思维：做时间的朋友

〔**本章导读**〕

俗话说：莫欺少年穷！为何？少年之所以让人敬畏，不是因为起点的高低，而是因为迭代空间不可想象。

传奇的功夫巨星李小龙说："我不怕练了一万种腿法的人，我怕的是同一种腿法练了一万次的人。"这就是迭代思维巨大的威力。

迭代思维，有时也被称为自我批判、自我优化、自我演进，是华为嵌入文化内核中的"护法宝器"。这个"护法宝器"越是制度化、常态化，华为的学习文化越能做到与时俱进。

华为是一个迭代能力极强的组织。每次进入一个新行业，做一个新产品，华为都会处处显出嫩稚和笨拙，惹来很多冷嘲热讽，最典型的批评是"华为没有干这个事的基因"。但华为人不信这个邪，态度很谦卑，学习很努力，不断地迭代，不断地优化，几年之后再看华为，这个产品已经是行业前三名，智能手机业务就是其中的典型案例。

本章系统地解析华为如何秉承迭代思维，耐心优化从老师处学来的知识，不断地把业界的优秀经验转化为组织自身的宝贵知识资产，最终实现持续自我超越。

"温吞水"：有张有弛推行企业文化

　　一家企业在学习上是否具有迭代思维，与企业文化有很强的相关性。企业文化不是几个口号或者贴在墙上的几张海报。如果管理是庄稼，文化则是土壤。没有肥沃的土壤，就无法长出好的庄稼。文化的作用就是刨松土壤，施好肥，让管理的效能得到更好的发挥，将庄稼种得更好。有效的管理只有在一个鲜明的文化体系下才能生长。如果文化不能产出粮食，也就没有存在的意义。华为一路的文化建设，是在把朦胧的文化变成制度性的文化，文化的实质是制度性建设。任正非的讲话很有秒懂力，在1998年谈企业文化推行时，用了"温吞水"的比喻。

　　"尽管我们在《管理优化》报上讲，没有华为文化要被除名，不认同《华为基本法》的不能被提拔使用，但在操作使用中，要温吞水。你不认同《华为基本法》，不认同华为文化也不和你计较，只要好好工作就行。但时间一长，人家都'沉舟侧畔千帆过，病树前头万木春'，他也坐不住了：看来我也不能老不积极，至少也得'假'积极，'假'久了就成了真。'假'还造成了一种势，一种外围的气氛，影响了别人，结果别人也进步了。我们就是这样认识问题的，你不认同，在实际工作中也不整你，但就是不提拔你。所以华为公司内部不是用矛盾的、激化的斗争方式贯彻华为文化，而是用"温吞水"

的方式。企业文化的推动贯彻也要有张有弛。不能老张着，人是受不了的，这样人就成了假人，说话也全是套话了。"

对此，华为一位高管谈了他的切身体会："文化传播就是比谁的嗓门大，比谁喊得响，喊的频次高。老板（任正非）从一开始就主导了意识形态的话语权，他认为正确的，就在大会小会上反复强调，气场也强，直到你'投降'了还不行，还要让你打心眼里认可。当然，他是这么'洗脑'别人，自己也是这么想、这么做的。"

心急吃不了热豆腐，借假修真，这就是任正非对人性的深刻洞察。

每月固定一天闭门谢客集体学习

很多企业因为业务太繁忙，大家各忙各的，没有时间开展团队学习提升。华为怎么解决这一问题？在线学习技术已经很成熟，通过在线学习系统提前学习相关知识已经不是难题。但团队学习还是需要碰撞，最好是面对面学习，因此华为把每个月最后一个星期六设立为上班日，因为这一天绝大部分客户不上班。因此不存在因为拜访客户而外出的情况，就有了免受打扰的完整一天时间。在这一天，各个团队的负责人组织本团队的成员，集体复盘过去一个月所做的事情，邀请表现优秀的同事给大家做经验分享，或者请外界的优秀专家给大家开阔视野。学习一天之后，当天晚上一般有一个团建聚餐，继续交流白天没有完成的话题。这样，大家每过一段时间就会达成一个阶段性共识，在后续工作协同上就更加默契。

华为不会因为这一天大家用来学习、没有拜访客户就认为没有价值，华为对"奋斗"的定义是"为客户创造价值的任何微小活动，以及在劳动的准备过程中，为充实提高自己而做出的努力"。也就是说，团队集体学习是劳动的准备过程，是为充实提高自己而做出的努力，也属于奋斗范畴的活动。因此华为不会占员工便宜，而是把每个月最后一个星期六设立为上班日，一年下来就是 12 天，华为人力资源部把这 12 天作为员工的年休假记下来，后续员工请事假，从中抵扣即可。

托尔斯泰说"幸福的家庭都是相似的"，优秀的公司往往都有类似的实践。从 1998 年开始，家电巨头美的每周日都会组织全员学习，没有人认为这是不正常的行为，因为每个人都觉得如果他没有参加学习，他就会很快被淘汰。因此学习既需要企业营造氛围，又需要员工正确地看待学习。不总结、不迭代，则永远停留在过去。

华为和美的给我们的启示是"团队的持续学习力，才是一家公司的真正核心竞争力"。

长期价值主义：平衡长短期利益的矛盾

　　学习需要平衡一对矛盾：长期利益和短期利益。华为从 1999 年向 IBM 学习集成产品开发（IPD），一开始是影响客户体验的。客户投诉反映：华为上 IPD 之前，客户反馈的需求很快就得到了响应和解决；上了 IPD 之后响应速度反而慢了很多，需要各种流程评审才能决定，而且客户越多，响应速度就越慢。华为深知，这种快速响应在公司规模小时可以实现，上规模之后就变得不可持续了，长痛不如短痛，必须上 IPD！这就是长期利益和短期利益的平衡，很多企业最终放弃变革，放弃学习先进经验，就是因为没有平衡好这对矛盾。

　　企业发展到一定阶段要继续突破，就必须走向产品模块化、能力基建化、管理平台化、组织流程化，短期内必然会带来思想混乱、效率低下、客户满意度下降、内部矛盾激增等问题。企业能否容忍？每次谈到这个问题，我都想起蛇的蜕变和疤痕累累的芭蕾脚。

　　蛇的蜕皮是有周期性的，大约每年要蜕皮 3 次。蜕皮的过程先从嘴唇开始，随后是头皮，之后像脱长筒袜一样，把头部已脱落的皮向外翻转，借助粗糙的地面或树枝，从头部往躯干部慢慢脱下来，最后从蛇尾把整个旧皮蜕掉。蛇的一生伴随着蜕皮动作而成长，蛇每蜕一次皮，就意味着长大一次，因为原来的皮囊包裹不了新的蛇体。这与企业的成长一样，随着企业规模越来越大，职能划分也会越来越专业化，官僚作风的弊端会越来越明显，整体效率就会大幅度降低，当老板敏锐地意识到这会成为阻碍企业继续发展的制约因素时，就必须基于长期利益来重新分配短期利益，回归创业的初心，忍痛发起变革。这与当旧蛇皮的尺寸限制了蛇的进一步成长时，只能通过蜕皮获得持续成长的逻辑是一样的。

华为2015年发布了一张"芭蕾脚"品牌广告图，2018年12月华为CFO孟晚舟被受限保释后在朋友圈报平安时，就使用了这张广告图。这张图上面还配有著名哲学家罗曼·罗兰的名言："伟大的背后都是苦难。"孟晚舟选择的这张照片，是美国摄影记者亨利·路特威勒的作品，照片中的舞者，是美国当今顶级芭蕾舞者。她本是一个稚嫩的少女，经过20多年的奋斗，终于登顶。这是她在练习厅休息时，被摄影记者抓拍的一张照片。这位摄影记者跟随这位舞者20年，拍了无数至美的照片，可是都没有获得大奖。而这张照片，一只脚穿着优雅的芭蕾舞鞋光鲜完美，另一只脚赤裸着满是疤痕，展示了芭蕾舞者的极致美丽与背后的艰辛，该照片一公开就获得了摄影大奖。

综上所述，通过蛇的蜕皮和华为的芭蕾脚两个案例，希望读者理解一点：吃得苦中苦，方为人上人。企业学习与变革需要平衡好长期利益和短期利益这一对矛盾。

工作的报酬是工作：用子弹喂出神枪手

当公司的机会和成本发生冲突时，是要机会还是要成本？任正非说，首先要机会。抓住了战略机会，花多少钱都是胜利；抓不住战略机会，不花钱也是死亡。节约是节约不出华为公司的。

华为对员工的激励也是把机会放在第一位的，《华为基本法》第 18 条，"华为可分配的价值，主要为组织权力和经济利益；其分配形式是：机会、职权、工资、奖金、安全退休金、医疗保障、股权、红利，以及其他人事待遇"。需要注意的是，华为把机会作为一种可分配的资源，并将其置于价值分配的优先位置。钱这次分少了下次可以再赚；但机会给了你，别人就没有了，机会更具稀缺性和排他性。任正非这个想法与索尼公司联合创始人井深大的观点"工作的报酬是工作"如出一辙。

西贝餐饮集团创始人贾国龙尤其认可这个观点，他说："西贝哪个创业老大不是花了千万元的投资培养起来的？什么是老大？老大要负全责，对员工负责，对顾客承诺负责，对经营结果负责，这个文化是西贝创立 30 年来逐步形成的。公司培养老大不惜代价，一是培训的费用，二是试错的费用。在每一位老大的成长过程中，公司都允许失败，特别是市场的老大，你想怎么做就怎么做，公司愿意承担试错的费用。"

区别在于，华为认为"将军"都是打出来的，所以经常用"训战"一词而非"培训"一词。王阳明："人须在事上磨，方能立得住，方能静亦定，动亦定。"人的主要能力是由其经历塑造的，没有那段经历，就难以真正拥有那项能力，环境、情境稍微发生变化，就难以推进了。华为在人才培养方面采用"7–2–1 原则"，即 70% 的能力通过工作实践历练得来，20% 的能力来自人际互动，通过以他人为镜反思得来，只有 10% 的能力来自课堂的培训。一个人在大学学什么专业，其实与他未来走向社会是否能干好某一项工作没有直接关系，他能否快速胜任工作主要取决于在职场中有没有相关的经历。人是活不过自己的人生经历的，是经历造就了人，这是被无数的现实案例验证过的。

给一个员工机会其实包含了两个层面：允许他做事，允许他犯错。尤其是后者，如果公司容错率很低，那么员工就像温室里的幼苗，娇嫩得很，难以成长。比如，华为在基础研究方面，允许很高的容错率，容错因子可达到 0.5（也就是允许 50% 的失败率），这需要很大的魄力。任正非为此解释：研究创新本身是一项高风险的事情，做出来是天才，做不出来就是人才。

西贝餐饮在这方面也有类似的实践认知，其创始人贾国龙说："犯错是回避不了的，你只要不犯错，就不可能有大成绩。人都是'练'出来的，你掏心掏肺地和一个人讲管理心得，希望他能够理解，结果往往无效。所谓'练'就是让他犯错，让他把该经历的都经历了，练'够'就好了。如果他没有全力以赴，我会不依不饶；如果他全力以赴了，我根本不会计较结果。谁犯错，谁成长。人从错误中学到的最多，成长也最快。他认了错，改了错，结果刚一成长，你就把他开除了，你傻不傻？换个新人，没错过，也许更麻烦。"贾国龙和任正非在容错的认知上高度一致：神枪手都是用子弹喂出来的。

如果在全球范围论容错榜样，最知名的企业要数 3M 公司。3M 是一家百年企业，创办于 1902 年，至今依然是全球最有创新力的企业之一。3M 在全球共拥有 70 多个实验室、超过 8000 位研发人员，在科研方面积累了超过 45 个门类的核心技术。公司围绕这些核心技术，开发了超过 6 万多种产品，以满足不同客户的需要，是全球产品门类最多的企业之一。

3M 公司前总裁杜雷尔说："3M 可以说是一个始自错误的公司，我们始终认为，发展新事业时错误是不可避免的。"3M 的创新理念总结为 3 个 M：错误（Mistake）、宽容（Magnanimity）和风险管理（Managed-risk），这 3 个词归根结底都与错误有关。为了在工作中落实这个理念，3M 公司给出一条让很多人都诧异的鼓励政策：允许员工拿出 15% 的工作时间，做与本岗位无关的工作。如果做出成果就拿出来与大家分享，公司基金从投资角度看中了该产品就会投资，6 万多种产品就是这么产生的。3M 产品更新率极高，每年有 35% 的销售额来自最近 4 年的新产品，而这些新产品有很大一部分来自 15% 的非本岗位的实践时间。其中一个著名的案例：3M 本来想研制一种新型胶水，产品试制出来后发现粘贴不稳，但却可以重复利用，反复粘贴，反复撕，这让项目组有点懊恼；这时，一个抽 15% 的时间参加实践的员工突然灵光一现，提议——利用这个不干胶的有意思的特性，做出其他新产品。这就是后来畅销全球的便利贴，至今很多人的办公桌上依然还有其身影。

不过，需要读者注意的是，虽然 3M 公司允许员工犯错误，愿意为员工承担错误造成的损失，但是，公司对值得鼓励的错误是有标准的。3M 公司前总裁杜雷尔的话还有下半句："但我们必须强调的是，这个失败必须是史无前例的。3M 允许任何一个'第一次的失败'。但员工必须学会总结失败与错误，决不能再犯同样的错误。"

华为人成长之路：
作战能力提升恰如软件版本升级

书享界

客户经理3.0
王者

客户经理2.0
白银

客户经理1.0
青铜

漫画绘制：王碧华

从青铜到王者：像软件一样迭代升级作战能力

在华为内部，关于客户经理能力的迭代，有一个形象的比喻：客户经理的能力要像软件一样迭代升级，从 1.0 版本开始不断升级，如今已经是 3.0 版本。

1.0 版本的客户经理是"千军万马上前线"，他们像蒲公英一样飘到全世界各地去开辟市场。其中有很多并非专业出身的客户经理，但他们满怀激情，愿意雄赳赳、气昂昂漂洋过海去干一番事业。在一个业务启动的早期，因为存在太多的不确定性，而且没有先例可参考，大部分人都有畏难心理，"战略战术千万条，敢打是第一条"，只要愿意上战场，就是合格的客户经理。

2.0 版本的客户经理不再是"半路出家"的非专业人士，而是对海外市场和客户有着充分了解，能帮助客户诊断运营痛点、优化网络、强化运营效率，项目运作能力娴熟、客户关系维护良好，了解客户内部的管理流程，国际语言交流流利，能与客户高层在商业层面进行高效对话的人，是客户的问计对象和战略伙伴。这个阶段的客户经理不再只是"勇猛"，而是懂得"智取"，能切实帮助客户创造价值。

3.0 版本的客户经理是销售专家和商业领袖，对行业趋势具备深刻洞察力，善于把握市场稍纵即逝的"机会窗"，对各种复杂交易场景都能应对自如，能灵活设计新型商业模式和交易模式，不仅可以帮助客户取得成功，而且可以让多方达成长久共赢的局面。

读者可能会问：华为人为何可以在一个岗位上孜孜不倦地干上十几年？因为这个岗位对人员的能力要求在不断迭代，就像上述的客户经理岗位要求一样越来越高。不是公司有意折腾员工，而是因为一个行业竞争到最后，所服务的客户的水平必然越来越高，竞争对手的水平必然越来越高，因为他们也在学习进化，当学习进步的速度跟不上客户和竞争对手学习进步的速度时，就只能被淘汰出局。人群之中，特别热爱学习的人极少，很多人只是不得不学而已，被目标和压力前拉后推着往前走，当有了目标和压力，公司给平台、给条件，周边又有那么多优秀的人竞争，于是就只能学习，没法停下来。

西贝餐饮创始人贾国龙对这个问题的认知也很独到，他说："我们在工作中经常面对两条路。一条路是降标准，一条路是长本事。非凡的组织就是要驱动人们迎难而上。人性都是求舒服的，我也是。但人性还有另一面，就是争强好胜，想赢怕输，打牌、打麻将都是。我们现在一线员工压力大，喊苦喊累，辛苦是必需的，没这个压力怎么能成长呢？对年轻人而言，最大的利益是成长，最大的喜悦也来自成长。"

走向敏捷：从 IPD 到 IPD+

前文关于华为客户经理能力的迭代，在产品研发模式方面，华为也在不断迭代，从 IPD 走向 IPD+，从瀑布式长链条开发模式走向敏捷开发模式，学习 IBM 而超越 IBM，青出于蓝而胜于蓝。

尤其是 2016 年以来，华为在认真学习亚马逊等知名互联网公司的开发模式，学习设计思维、DevOps 方法；在版本开发过程培养"全栈工程师""全功能团队"；更加注重研发团队的国际化，华为深圳总部与华为硅谷研究所的技术研讨更加密集；更加愿意参加业界的技术峰会，同时有意识地在业界扫描网罗新型研发人才，调动内部资源去链接外部专家到华为深入交流。

当华为研发人员从外界学到了新方法、新特性，就立即设立专题来攻关，这时参照开源模式中的提交处理机制：每个人都可以提交新特性，如果维护者召集大家评议后认为很有必要，就把这种特性吸收进来，不断迭代进化。

尽管华为的研发管理水平在全球企业中都处于遥遥领先的位置，但华为这群人始终认为：没有成功，只有成长！

知识收割：
让胜利成为习惯，让牺牲充满意义

漫画绘制：王碧华

知识收割：企业最大的浪费是经验的浪费

　　2013年3月，华为公司轮值CEO徐直军对知识管理谈了自己的看法，而且旗帜鲜明地指出"华为公司最大的浪费就是经验的浪费"。他说，经常有专家花费很大心血开发的胶片，也得到了客户的高度认可，却没有很好地被其他人借鉴；每天都和客户沟通获取了大量的知识却没有记录并分享给大家；每次发生事故后都总结了经验，却很少被后续项目采用。前几年固网为了进入BT，花了很大精力满足BT对于产品的质量要求，后来其他产品进入时没有好好学习并吸收这些经验，导致重大质量事故的发生。公司每年招聘数千人，这些人如何能快速学到积累下来的知识和经验，不重复犯错误也一直是一个老大难问题……各级主管一直在苦恼如何持续提升员工的作战能力，确保业务交付效率与质量的不断提升，一直在寻找解决此苦恼的钥匙。

　　我认为知识管理正是这把钥匙。管理者要明白知识管理的价值、方法论、工具并使之融入流程，确保组织内的知识得到最大化分享。同时主动管理好知识与经验并闭环应用到实际项目中，让每一个新项目、新人都能在最佳实践基础上开展工作，交付更高效、质量更高的结果。

　　在华为的知识管理理念中，最重要的是在项目中落实知识管理的方法，在项目早期有系统地主动学习先前同类项目的成功经验和失败教训，在项目进行中不断反思并改进，在项目结束后专门做回顾，把做前学、做中学、做后学融入项目管理流程，不断迭代提升业务交付的效率和质量。其中，知识收割成为华为常用的知识管理方法，华为第一任首席知识官谭新德是知识收割的热情推崇者和身体力行的实践者。

华为知识收割一般针对三类对象：第一类，首次探索的重点项目；第二类，重复出现问题的领域；第三类，日常高频操作的领域。

华为知识收割从流程方法论和业务解决方案两个维度来开展。第一个维度是流程方法论层面。一个项目要做好，首先必须有好的做事方法，比如LTC就是华为销售的方法，把一个销售项目从机会点到签订合同、交付、回款整个过程定义清楚。采用同样的流程，凭什么你的结构就好，别人的结构就差；在类似的项目中遇到的问题都差不多，凭什么你解决得好，别人解决得差；你遇到的问题是怎么做到的，你的解决方案是什么，你对其他项目到底有什么建议。华为认为一个值得知识收割的项目，首先在做事方法上要有成功经验或惨重教训，非常值得好好提炼和总结出来供其他项目参考。第二个维度是业务解决方案层面。项目做得好说明其交付业务解决方案非常符合业务需求，最终让客户满意。业务的问题是什么，方案怎样优化才能匹配这个问题。同一家公司的解决方案，推进时都是统一的，一线的任何一个项目都要进行优化，而往哪个方向优化就是知识收割的意义所在。

华为知识收割过程中卷入人力资源专家中心、项目组、知识管理者三个角色。第一个角色是机关能力中心的业务专家。这个角色的投入是知识收割的关键，只有他们才能够真正从组织层面审视项目的可收割性，是否有真正的经验和教训，而且需要机关能力中心的专家和项目组成员一起提炼核心的价值点呈现给大家。第二个角色是项目组的核心骨干。因为项目是这群人交付的，他们有很多亲身体验的经验和感悟，他们必须有一定的投入才能保证收割的真实性。第三个角色是知识管理者，即知识管理引导员。在收割过程中要专门从知识管理方法论、知识收割技巧、收割项目的项目管理、回顾会议引导等方面发挥专业作用。

华为知识收割输出文档、干货、视频三类成果。

第一类输出是文档。文档就是项目在交付过程中的实际交付件，包含和客户沟通的材料、纪要、交付文档、项目管理制度、方法工具等；比如某次和客户交流效果特别好，项目组当时交流的 PPT、当时做的纪要都可以进行归档，其中必定含有大量的隐性信息。

第二类输出是干货。项目成员会回顾会议的讨论过程和会议纪要，会前会整理并提前给大家发放一些学习要点以提前准备，之后再做 2~3 天的研讨，就这个点展开讲述，团队成员补充，最后把达成共识的关键经验和改进建议闭环到组织资产中，华为把这一类输出称为干货。

第三类输出是视频。针对有些属于隐性经验的复杂场景或事件，仅用文字表达不一定能被人完全理解，这时项目经理通过视频现身说法，将操作过程中对客户层面的分析、与客户成交的攻关打法、与竞争对手的斗智斗勇进行详细说明，这对后续项目也很有借鉴意义。华为一般会针对某个点拍一个

5~10 分钟的视频，让当事人把该点讲透。

知识收割，让胜利成为习惯，让牺牲充满意义。华为之所以这么重视知识管理，是因为"唯有把能力建立在组织之上，企业才有可能走向基业长青"。

后记
如果华为只留下一项核心能力

首先感谢前老板任正非先生给我提供了一个这么好的研究对象；感谢任老板身边的几位管理智囊——黄卫伟老师、田涛老师、吴春波老师、陈培根老师等前辈对华为管理之道的零距离观察和多方位解读；感谢华为心声社区、华夏基石 e 洞察、蓝血研究的丰富研究资料；感谢在我研究华为管理的 17 年中给予我莫大支持的客户、合作伙伴、华为老同事、书享界智库、书享界同人的支持；感谢人民邮电出版社总编辑张立科先生，感谢张渝涓女士、缪永合先生、刘艳静女士、许文瑛女士、袁璐先生、宋燕女士、白霄灵女士、郑连娟女士、刘召弟女士、贾璐帆女士等老师对这个系列图书的出版所做出的巨大付出；感谢漫画师王碧华女士的传神配图；感谢彭剑锋教授、杨蜀先生、邢宪杰先生、谭新德先生、周良军先生为本书倾情推荐；感谢我的家人给予我的力量——每一次岳父岳母在朋友圈的点赞，每一次出差回到家看到母亲和蔼关切的眼神，每一次看到两个宝贝闺女邓潜润、邓思惠快乐地成长，我都深深感到"责任"一词的意义；最后，要特别感谢我的太太潘小苑，从相遇到相爱，至今 20 余年，她默默地承担着家庭和事业方面的很多幕后工作，让我得以专注于自己的兴趣和专长，从事企业管理研究、讲学、写作和咨询工作。

历史的本质是一首思想的旋律，而所有记载的资料就像散落一地的黑白钢琴键，每个人都只能根据这些键去猜想旋律。我写作的《华为学习之法：赋能华为的 8 个关键思维》亦是如此。因为意识到这种局限性，为了尽可能还原当时的真实学习场景，我查阅了华为管理变革历程的大量历史文件，尤其是 1998—2000 年华为首次密集地向西方企业学习管理的一手资料。但我认为这还不够，因为历史的资料是静态的，更需要亲历者"口述历史"作为佐证。于是，在写作本书过程中，我访谈了多位"老华为人"，他们普遍在华为任职超过 10 年，有一部分人任职甚至超过 20 年，任职期间做出了卓越的贡献，是典型的华为奋斗者。他们所分享的独到观点和鲜活案例，极大提升了我对华为管理的认知，这是我在写作此书之前始料未及的。我在此特别感谢他们（排名不分先后）：

杨　蜀　刷宝科技 & 标普云科技创始人，华为原副总裁 & 海外区域总裁

谭新德　华为第一任首席知识官 & 战略营销变革总裁，华为"蓝血十杰"

周良军　华为原首席信息官 & 企业业务规划与咨询部总裁，华为"蓝血十杰"

王　涛　华为原流程 IT 部总体技术部部长 & EBG 数字化转型咨询部部长

俞渭华　华为原营销干部培训中心主任

王占刚　华为原海外区域流程质量部部长

韦传敏　华为原业务发展部长 & 轮值 CEO 战略助理

闻　宏　华为原中国区运营商网络拓展部经理

陈国龙　华为原终端欧洲拓展部手机产品经理

李　涛　华为原国内市场部销售系统部高级经理

周留征　原山东华为人力资源部经理

杨爱国　蓝血研究院院长

李　飞　华为原海外区域 CFO

张鹏国　华为 3Com 原副总裁

李　江　华为 3Com 原国际部渠道负责人 & 亚太区销售总监

梁　强　华为信息安全与商业秘密保护部产品经理

赵　昕　华为原中国区服务业务经理

蔡　毅　华为 10 年生态合作伙伴

林绍太　华为云原安全运维总监

焦锡谦　华为人力资源领域战略规划专家

赖磊宇　华为知识管理经理

郝　龙　"华为管理真经"公众号创始人

王万翎　华为原供应链管理部知识管理负责人

周　迅　华为原企业业务中国区 IT 解决方案部部长

廖　维　华为原流程管理专家

李克武　华为中国区政企 CTO，交通行业首席咨询专家

王文利　华为原中央研究部可靠性专家

陈雨点　华为原人力资源总裁助理

刘立柱　华为原网络安全领域总裁

周学军　《华为人》报创办人兼首任主编

……

在写作"学习华为三部曲"系列著作过程中，还有很多向我提供支持的高人，因为他们更愿意享受当幕后英雄的快乐，于是希望我把他们的名字放在省略号中，我对此非常理解，在这里一并向他们致谢！

通用电气传奇 CEO 杰克·韦尔奇说："一个组织的学习力，和将学习转化为行动的速度，将是它战胜竞争对手最终的关键优势。"在本书后记，我一直在思考与读者们分享一句什么话，最后还是选择了这句话：**如果华为只留下一项核心能力，那一定是学习能力**。华为这 30 余年有很多老师，接下来，按华为人的思维习惯，这群人必定会继续追问：华为还应该向谁学？华为又会学习些什么？

IBM、美军的系统管理方法，是华为在近一二十年引进的。时代在快速发展，Netflix、字节跳动等新一代企业有着与华为截然不同的管理风格——如果说华为的管理胜在流程与规则，前者的管理则胜在自由与责任。读者为什么需要关注这个？因为前者这套模式对年轻人似乎更有吸引力。得年轻人者得天下，他们才是新经济的主力。这是摆在华为新一代领导团队面前的一个核心挑战，当然，我对此依然保持乐观：唯有学习能力，才是华为真正的核心能力。只要华为人保持开放、持续学习、自我批判，一定会迎来更美好的未来。

再次致敬这家值得我们中国人尊敬的企业，以及塑造它的背后那群人！

术语表

缩略语	英文全称	中文全称
BG	Business Group	运营中心（业务群）
EBG	Enterprise Business Group	企业业务群
CBG	Consumer Business Group	消费者业务群
CNBG	Carrier Network Business Group	运营商业务群
EMT	Executive Management Team	公司经营管理团队
ICT	Information and Communications Technology	信息与通信技术
IT	Information Technology	信息技术
IPD	Integrated Product Development	集成产品开发（流程）
ISC	Integrated Supply Chain	集成供应链服务（流程）
LTC	Lead to Cash	线索到回款（流程）
IFS	Integrated Financial Services	集成财经服务（流程）
ITR	Issue to Resolution	从问题到解决（流程）
MTL	Market to Lead	从市场到线索（流程）
MM	Market Management	市场管理（流程）
OR	Offering Requirement	交付需求管理（流程）
MPP	Marketing Plan Process	上市管理（流程）
DSTE	Develop Strategy To Execution	战略规划到执行（流程）

MCR	Manage Customer Relationship	管理客户关系（流程）
CRM	Customer Relationship Management	客户关系管理（系统）
ERP	Enterprise Resource Planning	企业资源计划（系统）
OFP	Overseas Financial Project	海外财务合作项目
SIC	System Integration Center	系统集成中心
BLM	Business Leadership Model	业务领先模型
SP	Strategic Plan	战略规划
BP	Business Plan	商业计划
CFO	Chief Financial Officer	首席财务官
SA	System Architect	系统架构师
PM	Project Manager	项目经理
PRC	Project Requirement Change	项目需求变更
CDP	Decision Check Point	决策评审点
AAR	After Action Review	事后回顾法
NA	Named Account	价值客户
MVP	Most Valuable Professional	最有价值专家
CKO	Chief Knowledge Officer	首席知识官
TSP	Talent Succession Plan	继任人计划
MIC	Mobile Innovation Center	移动创新中心
WCDMA	Wideband Code Division Multiple Access	宽带码分多址
5G	5th Generation Mobile Communication Technology	第五代移动通信技术
CPE	Customer Premise Equipment	客户终端设备
IBM	International Business Machines Corporation	国际商业机器公司
BT	British Telecom	英国电信公司
SAP	System Applications and Products	思爱普（公司 / 产品）
3M	Minnesota Mining & Manufacturing Company	明尼苏达矿务及制造业公司
BBC	British Broadcasting Corporation	英国广播公司

参考文献
Reference

[1]　邓斌 . 华为管理之道：任正非的 36 个管理高频词 [M]. 北京：人民邮电
出版社，2019..

[2]　邓斌 . 华为成长之路：影响华为的 22 个关键事件 [M]. 北京：人民邮电
出版社，2020.

[3]　黄卫伟 . 以奋斗者为本：华为公司人力资源管理纲要 [M]. 北京：中信出
版社，2014.

[4]　黄卫伟 . 以客户为中心：华为公司业务管理纲要 [M]. 北京：中信出版社，
2016.

[5]　黄卫伟 . 价值为纲：华为公司财经管理纲要 [M]. 北京：中信出版社，
2017.

[6]　田涛 . 华为访谈录 [M]. 北京：中信出版社，2021.

[7]　吴春波 . 华为没有秘密 3[M]. 北京：中信出版社，2020.

[8]　陈春花 . 经营的本质（修订版）[M]. 北京：机械工业出版社，2016.

[9]　彼得·德鲁克.管理：使命、责任、实践 [M].陈驯，译.北京：机械工业出版社，2019.

[10]　周君藏.任正非这个人 [M].北京：中信出版社，2011.

[11]　田涛，吴春波.下一个倒下的会不会是华为 [M].北京：中信出版社，2012.

[12]　任正非.采访实录（1—8 册）.深圳：华为技术有限公司，2020.